产教融合下中职会计专业教学模式的探讨与研究

李桥英　著

群言出版社
QUNYAN PRESS

·北京·

图书在版编目（ＣＩＰ）数据

产教融合下中职会计专业教学模式的探讨与研究 /
李桥英著. -- 北京：群言出版社，2023.12
　ISBN 978-7-5193-0905-3

　Ⅰ．①产… Ⅱ．①李… Ⅲ．①会计学—教学研究—中
等专业学校 Ⅳ．① F230

中国国家版本馆 CIP 数据核字（2023）第 254209 号

责任编辑：侯　莹
封面设计：知更壹点

出版发行：群言出版社
地　　址：北京市东城区东厂胡同北巷1号（100006）
网　　址：www.qypublish.com（官网书城）
电子信箱：qunyancbs@126.com
联系电话：010-65267783　65263836
法律顾问：北京法政安邦律师事务所
经　　销：全国新华书店

印　　刷：三河市腾飞印务有限公司
版　　次：2025年1月第1版
印　　次：2025年1月第1次印刷
开　　本：710mm×1000mm　1/16
印　　张：9.75
字　　数：195千字
书　　号：ISBN 978-7-5193-0905-3
定　　价：60.00元

作者简介

　　李桥英，福建省泉州华侨职业中专学校高级讲师，会计师，福建省首批会计专业带头人，泉州市中等职业学校李桥英会计名师工作室领衔人，曾获得全国优秀教师、福建省特级教师等荣誉称号。

前　言

2019 年 1 月 24 日《国务院关于印发国家职业教育改革实施方案的通知》的发布及 2022 年 5 月 1 日新《中华人民共和国职业教育法》的施行，既奠定了职业教育的地位，也对职业教育提出了更高、更实际的要求。职业教育与普通教育是两种不同的教育类型，但具有同等重要的地位，两者推动了校企合作、产教融合保障制度的完善。一些地方存在"校企合作，校热企冷；产教融合，合而不深"，即"我国职业教育还存在着体系建设不够完善、职业技能实训基地建设有待加强、制度标准不够健全、企业参与办学的动力不足、有利于技术技能人才成长的配套政策尚待完善、办学和人才培养质量水平参差不齐等问题，到了必须下大力气抓好的时候"，这对中职学校会计专业来说，既是挑战，也是机遇。

我们要看到，中职会计专业人才培养模式顺应了社会经济发展的趋势，取得了一系列的成绩，但也面临着一些问题。中职学校培养的会计人才应该有自己的特色，而体现这些特色的关键是要有特色的中职会计专业人才培养模式和教学模式。中职会计教育作为一种类型教育，有一定的发展历程，但存在培养目标模糊、教学模式传统、专业结构不够完善、课程设置和培养规格缺乏中职特色、实践技能有待突出、师资队伍结构与个体素质不能满足教学需要等问题，新的人才培养模式的探索任务十分艰巨。

泉州市中等职业学校会计专业在学校搭建的平台之上，"乘改革之风，走创新之路"，在产教融合背景下进行了人才培养模式的改革与实践。经过几年的探索，更新了教育教学理念，提升了教师的"双师素质"；学生的实践能力和综合素质大幅度提高，学生技能竞赛成绩在全省乃至全国均名列前茅，毕业生深受用人单位欢迎。

本书是福建省泉州市中等职业学校会计专业人才培养模式探究与改革的实践经验总结，包括以下几个方面的内容：国外校企合作下的中职学校教学模式、国内产教融合下的中职会计专业教学模式、产教融合下的中职会计专业学生职业核心能力培养、产教融合下的中职会计专业教学模式改革思路、产教融合下的中职会计专业课程设置、产教融合下的中职会计专业学生管理、产教融合下的中职会计专业教学质量评价、产教融合下的中职会计专业实训基地建设、产教融合下的中职会计专业人才培养体系、产教融合下的中职会计专业人才培养展望等。

由于新思想、新方法和新技术在不断地发展，书中难免有不足之处，希望读者不吝指正，笔者将在各位的帮助下进一步改进完善。

目　录

第一章 绪 论

随着经济全球化进程的不断推进，我国经济发展客观上需要大量具有理论和实践能力的新型会计人才。在会计行业发展和会计准则与国际惯例接轨的大背景下，我国职业教育的国际化发展已势不可挡。完善会计职业教育理念，实施会计人才培养战略，是我国会计教育的关键一环，对于促进会计学科建设和可持续发展，培养大批能够适应市场需求的复合型会计人才具有重要的作用。

然而，随着经济的不断发展，我国会计学科的教育教学质量与实际职业要求存在一定差距。为了找到培养会计专业学生的合理途径，各大职业学校纷纷借鉴国外培养会计专业学生的经验，开展教学方法研究，并将其视为校企合作机制的一部分。

第一节 研究的背景

现代职业教育是提高劳动者素质、促进就业、提升生产力、服务社会发展的基础，大力发展职业教育是党中央、国务院做出的重大战略决策。自 2010 年以来，国家相继出台了《国家中长期教育改革和发展规划纲要（2010—2020 年）》《教育信息化十年发展规划（2011—2020 年）》《现代职业教育体系建设规划（2014—2020 年）》《教育部关于深化职业教育教学改革全面提高人才培养质量的若干意见》《职业教育提质培优行动计划（2020—2023 年）》等纲领性文件，旨在加快发展现代职业教育，构建现代职业教育体系，在促进教育改革的同时提高学生的自主学习能力和解决问题能力。

经济越发达，会计越重要。会计专业是当前社会需求较大的热门专业，尤其是在经济多元化和崇尚创新创业的背景下，大部分中职学校设立了会计专业，因此，中职学校会计专业的人才培养能力迅速提高。然而，部分中职学校在培养会计专业人才的过程中，依然采用旧的教育方式，导致存在人才知识、技能结构、社会岗位相分离的情况，这也是我国中职学校在培养会计专业人才的过程中存在的突出问题。笔者结合从业多年来对中职学校会计专业教学的研究，以及企业对会计专业人才的需求剖析，归纳出当前我国中职学校在培养会计专业人才的过程中存在以下几个问题。

一、课程体系有待完善

现阶段，中职学校会计专业的课程体系基本涵盖三个方面——公共基础课、专业基础课及专业技能课，仍然属于传统的课程体系，具备系统性、学科性和知识完整性。然而，当前课程设置并不符合职业课程体系的特点。根据会计课堂现实，教学内容多集中于会计法规、会计理论等方面，一定程度上缺乏实践性，且缺少教学案例分析。

目前的课程体系设置缺乏对学生进行劳动教育、职业道德教育及个人素质提升的相关课程，导致部分学生存在"四体不勤"、职业道德意识有待提高等情况，培养出来的学生很难契合行业和企业的需求。

根据课程设置的效果来看，目前课程设置的实用性有待提高，部分课程采取先组织教材、后传授课本知识的方式。具体而言，与企业单位保持较好的协作关系是会计专业课程设置的重中之重，职业学校需要完成培养契合企业需求的人才这一使命。与此同时，由于会计行业的专业性较强，大多数企业单位的相关会计信息都是保密的，学生在专业实训中很难接触到真实的会计信息，无法完成模拟实训，导致会计实训的效果不够理想。

此外，部分学校的资源相对匮乏，学校也在想方设法建立自己的实习实训基地，但是受到不同因素的限制，其进程较为缓慢。

二、教学方法不够新颖

部分中职学校在培养会计专业人才的过程中，完全参照其他学校的教学方式，并未从本校实际出发，从教学内容和课程体系设计方面来看，也完全照搬其他中职学校的经验和做法，甚至不同的学科专业使用同一种方式对学生进行培养。在会计专业教学方法和教学模式的确定上，应当结合本校的特色、学生的优势以及学校所在地的经济发展情况，只有这样才能使所选择的教学方法和教学模式契合本校的发展实际，从而在学生学习的过程中充分体现专业的优点。

会计专业是一门对学生的实践能力要求较高的专业，所以在人才培养过程中，中职学校还应该根据社会对会计人才的需求，结合学生实际和本校的教学条件，及时准确地采取各种有利于完成教学目标的教学方法，从而培养出新时代所需的会计专业人才。

与此同时，近年来会计专业的快速发展和壮大加剧了专业之间的竞争和各学校对会计专业人才的争夺，因此，中职学校要想培养出更符合实际工作需要的会计专业人才，就必须不断采用符合教育实际的教学手段和方法，才能在激烈的竞争中立于不败之地。

三、理论与实践结合不够紧密

会计专业实践教学的科学性和合理性是确保会计专业教学效果的重要基础，为了使学生全面理解所学知识，实现系统学习和融会贯通，中职学校应该采用理论与实践相结合的教学模式进行人才培养。其中，实践教学分为单项实训与综合实训、校内实训与校外实训，同时做到单项实训与综合实训相融合、校内实训与校外实训相补充。

目前，职业学校的单项实训是以教材中的各章节为实践单位，随着理论教学的推进分别组织实训。例如，在《会计凭证》一章中，学生练习填制和审核原始凭证、编制记账凭证；在《会计账簿》一章中，学生练习登记日记账、总分类账和明细分类账。这种单项实训缺乏系统性，无法实现对学生综合能力的培养。

同时，校外实训因会计专业的特殊性，同一家企业不可能同时接收很多会计专业的学生，因此部分学校无法将会计专业学生的校外实训落实到位。

因此，在这种客观条件下，部分中职学校未能在培养会计专业学生的过程中做到理论与实践完美结合，最终导致培养的学生无法适应社会和企业的需求。

四、教学理念更新不够及时

纵观我国中职学校的教育现状可以发现，尽管部分教师一直秉持"以学生为中心"的教育理念，并在学习过程中给予学生更多的自主权，但在具体的实施过程中，效果并不理想。究其原因，主要包括以下几个方面：部分学生基础有待夯实，自学进度相对较慢，无法快速达到学习目标；部分学生的自我监督能力较弱，无法顺利完成自学任务；课堂时间有限，学生课前学习效果欠佳，课堂上很多时间用于传授理论知识点，很少有时间培养学生的动手实操能力；实践课堂的部分时间用来巩固理论知识，用于实践活动的时间较少。另外，当前中职学校的部分教师仍然秉持"以教师为中心"的教学理念。

"以教师为中心"的教学理念过于重视教师在学习中的主导作用，不利于学生在学习过程中发挥主观能动性，不符合现代职业教育改革的趋势和会计专业课程的要求。在这样的教育理念下，任课教师主要将理论知识的阐述与讲授作业相结合，忽略了对学生实践能力的培养。按照"以教师为中心"的教育理念，学生被动地接受教师传授的知识，缺乏自主获取新知识的成就感。学生在学习上的成就感越低，学习积极性就越低，教与学的有效性也随之降低，尚不能契合课程要求。

中职学校要想培养出新时代所需的会计人才，使本校会计专业学生在市场竞争中脱颖而出，就必须从学校实际出发，对本校的校企合作情况、学生和教师的特点进行深刻的分析研究，将先进的教学理念、创新的教学方法融入会计专业学生培养。

第二节　研究的意义

中等职业教育的主要任务是为生产、建设、服务、管理等一线岗位培养技术人才，在现代职业教育体系发展中具有重要地位，其作用是引导整个职业教育健康持续发展。

为了实现中职学校培养高素质技能型人才的目标，教授学生理论知识是基本前提，而教授学生实践科目是重中之重。学生只有多参与实践，才能更好地培养自身的实践能力、动手能力；只有学生将掌握的理论知识更好地应用于实践，才能树立坚韧意志、毅力；也只有借助实践教学，才能使学生具备较好的知识应用能力，从而提升学生的综合素质，让学生更好地为社会服务。培养的人才契合企业的需求，中职学校才能最终发展进步。

中职学校在培养会计专业人才的过程中，采取与企业合作的实践教学方式，有助于提升会计专业人才的培养质量。本书根据我国中职学校会计专业人才培养要求，研究校企合作、产教融合下的中职学校会计专业人才培养模式，其意义主要涵盖以下几个方面。

一、有助于教育者认识到校企合作、产教融合的重要性

目前，我国中职学校在人才培养定位方面与社会、企业的要求之间存在的差距，不仅对中职学校在会计专业人才培养中的地位产生了一定影响，还增加了会

计专业人才的就业压力，不利于我国企业的发展与进步。出现上述现象的主要原因是中职学校在会计专业人才的培养上不符合岗位的实际需求或者社会经济发展的趋势，没有对学生进行针对性的培养。

笔者希望通过本书阐明我国中职学校会计专业人才培养的现状，让人们认识到中职学校会计专业人才培养的不足，进而使中职学校认识到在培养会计人才的过程中采取有针对性的教学方法的重要性。同时，通过对产教融合下的会计专业人才培养模式的介绍，更多的会计类教育工作者能够认识到校企合作、产教融合的重要性，在培养学生的过程中提高与企业合作的意识，从而培养出具有岗位针对性的会计专业人才。

二、有利于提高会计专业人才培养质量

目前，部分中职学校培养的会计人才与企业所需人才不符，学生在履行社会职能方面的作用受到一定制约，因此，中职学校需要对会计人才培养方式进行改革。部分中职学校的教育体制和人才培养模式在一定程度上还是模仿国外职业教育的方法，没有充分发挥本校的优势。基于这一问题，本书系统剖析了国内外校企合作、产教融合机制下中职学校会计专业的教学方法和特点，阐述了会计专业的课程设置、教学内容开发等一系列与教学相关的问题，旨在为产教融合下中职学校会计专业人才培养提供最基本的方法，推动中职学校会计人才培养方式的改革，培养适应企业需求的会计专业人才。

三、有利于提高会计专业学生的素质

会计行业涉及的领域非常广泛。在中国，会计一直是个热门专业，各行各业，无论其活动领域如何，都需要会计人员进行簿记、报表分析和财务管理。在不断变化的市场经济中，社会对会计专业学生的需求量大幅增加，要求也随之提高。因此，提高会计专业学生的素质已成为我国中职教育亟须解决的重要问题。通过对国外会计专业教学方法、中国国情及各方面的研究分析，可以看出，校企合作、产教融合下学生参与认识实习、岗位实习等是目前中职学校培养会计专业人才最有效的途径。

第三节　研究内容和方法

为了帮助中职学校更好地认识到在会计专业人才培养过程中存在的不足，同时帮助其了解产教融合机制下的会计专业人才培养的优势，以及开展这种教学方法的主要步骤等，本书研究的内容和方法如下。

一、研究内容

（一）产教融合下的会计专业教学模式分析

本书对国内外会计专业教学模式进行研究，分析国外校企合作模式下中职学校的发展现状，阐述国外不同国家现有的教学模式、国内会计专业的人才培养模式和教学模式等内容，通过国内外现状的对比，探讨产教融合下会计专业教学模式的设计思路和框架，使读者了解相关理论，探寻研究基础。

（二）产教融合下的中职会计专业教学管理问题

本书以企业对中职学校会计专业人才的需求、对学生职业能力素养的要求为切入点，对目前我国中职学校在会计专业人才培养、课程教学方式、课程内容设置等方面存在的问题进行分析，并归纳和总结出问题的表征及其成因。

（三）产教融合下优化完善教学模式的措施

为了解决产教融合下会计专业教学模式方面的问题，本书主要从学生管理、教学质量评价、实训基地建设、人才培养保障体系等层面，提出创新教学模式的有效策略。

二、研究方法

本书采用的研究方法具体如下。

（一）文献研究法

笔者借助互联网、图书馆等渠道收集整理国内外关于会计专业人才培养、教学模式方面的相关文献，并对收集到的第一手资料进行梳理、汇总和归纳，为本书的研究奠定扎实的理论基础。

（二）问卷调查法

笔者编制"会计专业学生职业核心能力"等调查问卷，了解中职学校会计专业在人才培养规格需求、专业课程设置、素质教育、校企合作等方面的相关情况，从而为中职学校会计专业教学模式的研究提供数据支持。

（三）访谈法

笔者采用访谈法对中职学校会计专业的学生、教师以及企业、行业专家进行访谈，以期收集与本书研究相关的多方面材料，并对部分论点起到补充说明的作用，从而增强本书研究结果的客观性以及真实性。

第四节　研究过程中的创新

目前国内对产教融合下中职学校会计专业教学的研究专著比较少，其中论述企业参与下会计专业教学的具体过程和方法、学校在专业人才培养过程中应该采取何种教学模式以及如何同企业深度融合的著作更是微乎其微。笔者通过多年对中职学校会计专业教学的研究和分析，以及对国内外产教融合下中职学校的会计专业学生培养过程的研究和调查，并结合我国的国情和中职学生的特点，将"产教融合下会计专业的教学模式"作为本书的研究重点。本书的创新点主要体现在以下几个方面。

一、研究观点的创新

培养应用型人才是近年来我国高等教育的主要目标，对中职学校而言，为了保证这一教育目标的顺利实现，应将更多的精力放在寻求应用性较强的人才培养模式上。

但是就目前我国中职学校对会计专业学生的培养成果来看，急需一种较为先进的企业深度参与的会计专业人才培养模式。本书从这一社会现象出发，特提出本书的研究观点，也就是本书的创新点，即产教融合下中职会计专业教学模式的探讨与研究，一方面能够适应目前中职学校会计专业的教学需要，另一方面由于目前对这种观点进行深入研究的作品较少，这一创新的研究观点有助于为学校在会计专业人才培养的过程中提供可供借鉴的方法和内容。

二、研究内容的创新

产教融合下会计专业的教学模式是目前中职学校普遍探求的问题，但是目前学术界对产教融合下会计专业教学模式方面的研究尚不够深入，因此部分中职学校在人才培养过程中缺乏先进技术和方法指导，导致在企业参与下的人才培养模式的应用上取得的成就不够显著。

本书主要阐述了国内外在企业参与下的中职学校人才培养的情况，凸显了国内在会计专业人才培养上存在的不足，通过梳理会计专业教学活动中可能涉及的各个因素，理清核心概念，提出从教学内容的开发、课程的设置、创新师生的教与学等方向优化教学模式，旨在引起读者的共鸣，为中职学校人才培养提供参考。

三、组织结构的创新

首先，本书介绍了国外产教融合下的中职学校会计专业教学现状。众所周知，国外的一些国家在中职学校会计专业人才的培养上取得了优异的成果，因此对国外中职学校会计专业教学的研究有助于激发读者的阅读兴趣，使读者在阅读中获得更多有关产教融合下中职学校教学的观点。其次，本书指出了我国中职教育发展过程中会计专业在人才培养上存在的不足，能够引起人们对会计专业人才教学的重视。最后，本书主要利用知识之间的传递性、内在联系性和逻辑性，对产教融合下会计专业教学研究论述进行逐层分析，抽丝剥茧地将产教融合下会计专业的教学模式、方法展现出来，便于读者掌握本书涉及的一些教学内容和方法，这种在教学组织结构上的创新提高了本书的阅读价值。

第二章 国外校企合作下的中职学校教学模式

近年来，国家提高了对中职学校发展的重视程度，各中职学校都在想方设法更好地培养应用型、技术型人才，并在教学中融入一定的实践活动，以提高教学质量，增强学生的实践能力。

强调实践经验的会计专业在各大高校备受青睐，每年毕业的学生不计其数，市场上会计人才供不应求。在这种情况下，缺乏工作经验的中职学校会计专业学生在就业方面明显处于劣势。为了提高学生的就业率，各中职学校主动与一些企业合作，想要解决学生缺乏工作经验的问题。

实践教学是中职教育培养适应企业需要的技能型人才的重要组成部分。改进传统的实践技能教育方法，可以全面提高中职会计专业的教育教学质量，充分调动学生的学习积极性和主动性，更好地提升学生的专业技能、实践能力和分析问题、解决问题的能力，使其更快更好地适应岗位要求，最终实现中职教育为地区和企业源源不断输送人才的目标[1]。

本章主要介绍一些发达国家在校企合作背景下的主要运行方式和重要经验，分析和研究国外中职学校教学模式，以及国外校企合作教学的重要经验。

第一节 国外校企合作下的中职学校教学模式探析

校企合作是职业学校瞄准自身发展，为企业培养实践技能人才的关键路径。其目标是让学生在学校和企业中学习，使学校和企业实现优势互补、资源共享，有效提升职业教育的针对性和效率，培育高素质技能型人才。当前，随着市场经

---

① 严颖. 校企合作视阈下中职会计实践教学现状及改进策略 [J]. 课程教育研究，2020（14）：18.

济的逐步发展，校企合作既是职业教育与企业同步进步的必由之路，也是变革传统教育的重要方式，亦是满足企业和学校培养合格人才要求的新途径。

国外关于职业教育的研究起步较早，政府、行业、企业和学校通过密切合作，发展职业教育，充分发挥了各方的积极性，在建立相对成熟有效的保障机制方面有着丰富的经验。

一、德国双元制模式

双元制模式的"双元"主要是指教学活动中的一元是职业学校，另一元是企业。双元制的根本标志是，学生约50%的时间在企业进行职业技能培训，50%的时间在职业学校学习基础知识，体现了学校理论知识和企业实践操作的紧密结合，注重技术型人才的培养。

（一）双元制模式运行机制

1. 运行模式

德国双元制职业教育体系，又称为双元制培训体系，是基于"双元"导向的学徒培训方法。双元制培训体系的核心要素包括以下四个方面。

第一，学习过程即生产过程。学生在入学前与企业签订培训合同，在学校学习专业理论知识的同时，接受企业的实践培训，参与生产过程。

第二，企业和职业培训学校都受到监管和制约。也就是说，通过《职业培训规章》对企业培训进行规范，由行业协会对培训过程进行监督与管理；通过《职业义务教育法》或各州的《学校法》对各州负责的职业培训学校进行组织和管理。

第三，教学内容与职业岗位相对接。职业培训学校和企业在培训过程中应严格执行联邦政府颁布的培训条例和方案以及国家文化教育部编制的课程和教学大纲。教学内容与企业的生产和技术密切相关，学生通过生产劳动进行培训，这样既降低了企业和学校的教学成本，学生的技能也得到了提升。

第四，职业教育和就业制度的双重性质平衡了培训结构和就业结构，能够更好地适应经济社会的变革。

2. 保障机制

德国通过制定完整的法规制度保障双元制的顺利实施，主要包括两个部分：立法权下由议会（包括州议会）通过的法律以及行政权下由教育部门各部委（包括州教育部）通过的法规、条例和合同①。属于法律层面的主要有联邦的《基本法》和《联邦职业教育法》以及各州的《学校法》；属于职业培训条例等行政法规的主要包括《企业章程法》《培训者规格条例》《改进青年培训的规章》《职业教育促进法》《职业培训的个人促进法》《青年劳动保护法》《手工业条例》等。

与此同时，还有一些与职业教育有关的规定，如《职业教育基础阶段工业企业内实训时间与职业学校课时计划原则》《家政职业教育基础阶段实训与课堂教学时间计划原则》《公职系统职业教育基础阶段实训与课堂教学时间计划原则》等。在职业教育校企合作中，完善的运行机制和立法确保国家在法律和政策层面起到宏观调控作用。

3. 经费筹措机制

双元制实行双主体管理，即企业和学校，其职业培训的资金主要来自两个方面——企业和政府，其中企业承担企业内和企业间职业培训的大部分费用，而少部分的职业培训学校的经费由国家和地方办学机构根据各自的职责分工共同承担。

（二）双元制模式特点

1. 企业培训和职业学校教育一体化

德国双元制的教学模式将企业培训与职业教育融为一体，具体表现在以下几个方面。

第一，学生的双重身份。学生进入学校后，成为企业的"学徒"，具有"学徒"和学生的双重身份。

第二，教师的双重融合。双元制职业培训中既有职业学校的教师，又有企业的培训师，他们既要满足学生理论学习的要求，又要满足"学徒"实践操作的要求。

第三，两种教学场所融合。理论学习与实践学习分别在职业学校和企业进行，学生每周有几天时间在企业培训，剩下的时间在学校学习理论，实现理论与实践相融合。

第四，教材内容一体化。在德国双元制职业培训中，所有企业、职业培训学校和培训机构都根据培训协议和教学大纲实施教学，实现教材内容及教学标准的一体化。

---

① 方晓徽. 联邦德国职业教育的立法与政策研究［J］. 教育决策，2008（12）：51-52.

第五，教学理实一体化。在双元制中，企业负责按照职业技能标准进行职业技能培训，给学生传授职业技能及相关职业知识和经验；职业培训学校负责给学生传授职业技能所需的文化常识及相关职业理论知识，实现教学理实一体化。

第六，职业教育与培训经费一体化。双元制职业教育培训的经费由企业和政府共同承担，企业承担企业内培训和企业间培训的费用，联邦政府和地方政府承担职业培训学校的费用。

2.企业主体性和主体地位突出

双元制中，企业培训与学校教育紧密配合，形成一个有机整体，其中企业是核心主体，其主体性主要体现在以下几个方面。

第一，企业在职业教育培训中拥有管理权和决策权，如参与职业培训学校课程的制定、成立考试委员会对职业培训学校的资质进行评定等。

第二，企业每年制定"学徒"的录用标准和资格要求，确定当年的"学徒"招工计划，提供培训名额，按标准选拔和招收"学徒"，并与其签订合同，事后再向当地州政府通报招生情况。

第三，企业是主管职业教育的部门，职业教育主要在企业进行，三年培训计划的第一年每周课时在企业与学校的比例为3∶2，第二年起调为4∶1。

3.职业教育法律法规体系健全

德国颁布的职教法规，内容充实、相互关联、易于使用。其中双元制促使德国通过了《联邦职业教育法》以及其他相关法律、法令和实施条例，并以法令的形式确保双元制的顺利实施。

二、美国社区学院模式

在美国，社区学院是许多美国年轻人的首选，其在职业教育中发挥着重要作用。微软公司原董事长比尔·盖茨（Bill Gates）曾说过："社区学院在确保有技能的劳动力能够充分利用数字时代的所有机会方面发挥着至关重要的作用。"[①]美国社区学院不仅在专业设置方面可以灵活调整，而且教育成本低。严格来说，美国社区学院可兼顾在校生的初等、高等教育，社会人员的继续教育以及职业培训等，而不是一个专门从事职业培训的机构。同时，社区学院根据市场需求，引入市场化办学体制，可以根据社会企业和专业人员的需求，不定期地开展市场化

---

① 徐朔，郭扬. 战略调整 规范化 企业参与：发达国家职业教育发展改革的三大特点［J］. 教育发展研究，2002（2）：56-58.

教育。有接近一半的学生进入美国社区学院的目的并不是拿学位，而是提高自己的知识水平或获得所需的职业技能。

1982 年美国联邦政府颁布了《职业训练合作法》，旨在"增加工人的就业机会和收入，减少对公共福利的依赖"[①]。其中对社区学院的保障主要有以下几个方面。

第一，财政方面保障。美国还通过了《税法》，建立了地方教育保障机制。这种财政支持不是公共产品，而是一种"贡献"和"福利"。社区教育的学费都由政府承担，这与课程教学等可比因素有关。政府还承担了培养出更符合市场需求的人才，设立更受学生欢迎的专业、课程或教育设施等方面的费用。因此，只有当社区学院能够积极提供更好的教育时，政府才会购买它们[②]。

第二，管理制度保障。社区学院的管理不同于中国的管理体制，其相当于企业的管理体制，执行董事会管理制度。董事会是学校的最高权力机构，落实校长责任制，同时在各州设立社区教育委员会，负责与州政府联系[③]。这种管理制度能够确保社区学院最大效率地实现有效管理。

第三，实行第三方认证。美国社区学院的办学成效不是由政府对其进行单一的评估，更多是由第三方——民间专业机构来评估。美国教育部和社区教育协会会定期对各类机构进行评估，评估结果会影响其继续开展教育培训活动的资格[④]。美国有近百个民间行业和专业认证组织，这些民间组织都可以对教学质量进行专业评估，其评估是公平的、有效的，因此各社区学院必须跟上市场发展的步伐，不断改革自己的课程，才不至于被淘汰。

三、澳大利亚 TAFE 模式

"TAFE"的中文意思是"技术与继续教育"，是"Technical And Further Education"的缩写。这种职业教育模式主要由政府主导，与企业密切合作，共同制定统一的教育和培训标准，形成了"学习与工作双循环"的学习模式。TAFE模式十分灵活，对入学学生没有年龄限制，强调课堂实践操作的必要性，因此这种教育模式深受澳大利亚大众的欢迎。

① 杨菁，李曼丽. 当前美国企业培训的现状、特点及其对我国的启示 [J]. 清华大学教育研究，2002（2）：14-19.
② 彭正梅. 德国职业教育改革和发展趋势 [J]. 全球教育展望，2002（3）：77-78.
③ 王敏丽，唐衍硕. 澳大利亚 TAFE 教育的政策环境给我们的思考 [J]. 青岛职业技术学院学报，2003（2）：11-13.
④ 张苗荧. 中间组织理论视野下高职教育校企合作 [J]. 职业技术教育，2009，30（16）：41-45.

与此同时，政府出台了工商企业参与职业教育培训的激励措施等一系列促进 TAFE 发展的政策，在很大程度上调动了工商企业参与办学的积极性。其主要特点如下。

第一，学生人数多，教育体制灵活，专业融合充分。TAFE 模式对入学学生没有年龄限制，这与传统的一次性教育有很大的不同，建立了终身学习模式：学习—工作—再学习—再工作。

第二，教学活动与学生的实际情况相联系。首先，多种证书可选。从低年级到高年级共有六个级别的证书供学生灵活选择，使学生能够根据自己的需要，循序渐进地选择某个级别进行学习。其次，多种学习方式可选。学生的成绩采用累计学分制，允许学生根据自身情况选择不同的学习方式，如课堂学习、现场学习、网络学习、预约学习等，只要能顺利通过测试，就可以得到相应的学分。

第三，重视实践教学。TAFE 模式强调理论教学与实践教学并重，每所学校都与企业深度合作，能为学生提供实践所需的场所。

第四，产学合作紧密。合作企业全程参与学校管理，实行"双主体"的管理模式。

第五，教师队伍具有扎实的专业经验和双师素质。TAFE 学院的教师都是从有实践经验的专业技术人员中选聘，应具有四级资格证书和 4～5 年的专业或行业工作经验，这是实践应用型人才培养的有力保障。

总之，世界各国职业教育与培训在人力资源开发方面的成功经验，就是以企业为目标，以学生就业为导向，促进学校与企业的深入合作。表 2-1 是这些典型国家学校与企业合作的总结。

表 2-1　典型国家校企合作情况汇总

项目	德国	美国	澳大利亚
校企合作模式	双元制模式，由国家支持，校企共建实训基地，形成形式多样、覆盖面广的完备体系	单轨制模式，由社区学院承担职业教育任务	行业主导型模式，由各地区的技术与继续教育学院负责校企合作相关事宜
相关法律法规	《职业教育促进法》《青年劳动保护法》《成人教育法》《企业宪法》等	《国防教育法》《职业教育法》《帕金斯法》等	《澳大利亚联邦宪法》《义务教育法》《高等教育法》《职业教育法》《教师法》等

项目		德国	美国	澳大利亚
管理机构		对校企合作状况的监督、审查和考核由职业教育委员会和主管单位完成；联邦职业教育研究所；直属于联邦政府的联邦劳动局	高等教育委员会、社区学院委员会、学校内设合作教育部	国家培训署负责承担职业教育任务和宏观调控；各州的职教行业培训委员会负责具体事宜的管理工作
运行方式	生源	以中学毕业生为主，另有和企业签有劳动合同的职业院校学生	生源构成复杂，学习目标多元化	高中毕业生、大学毕业生、在职员工、海外留学生、远程教育的学生
	师资	学校的专业教师和企业的技术管理人员	专职和兼职教师，兼职教师具有丰富的实践经验，教授应用类课程	多种途径严格招聘教师，教师都需要有丰富的企业工作经历，了解新技术、新理论
	设施配备	学校实训设备和环境与企业接轨，企业实训设备由企业提供	校企共建设施，企业捐赠设备或给予学校经济支持	企业主要负责设施设备的购置和使用，并指导学校的实训场地建设和规划
	人才培养方案	校企共同制定，双方成员组成多个学科的专业委员会，负责实施和监督教学任务，并根据学业、技能成绩决定学生是否达标、能否获取证书	教师及学生去企业实践，企业的管理、技术人员到学校传授工作经验，学校负责企业员工的继续教育培训等	根据岗位群的需要设立专业课程体系，职业院校根据国家的职业资格框架不断调整其人才培养模式；毕业生凭借资格证书参加工作或参加更高层次的学习
	资金支持	政府拨款占少数，以企业资助为主，由于回报率高，企业积极参与	地方税收、州政府拨款、联邦政府资助、学生学费以及其他收入形式	主要由政府根据在校生数等因素进行拨款，各职业院校向政府购买教育培训任务

第二节 国外校企合作下的中职学校发展现状

综合世界职业教育发展历程可知，职业教育的发展是以社会经济发展为基础的。可以说职业教育发展至今，早已成为与社会经济发展联系最为紧密的教育模式，其中校企合作成为职业教育人才培养的有效途径之一。

一、国外校企合作运行方式

（一）企业主导

以企业为基础的现代学徒制是指由企业派遣学员，国家依法提供制度保障，企业自主决定职业培训的招生人数和课程设置，而职业学校只教授学生基本技能和职业理论[①]。

在德国，职业教育和培训由企业主导[②]。德国《职业培训规章》明确规定了企业参与职业培训的权利和义务，并承诺至少为学徒提供一半的培训资金。

双元制下的学生有两种身份：学生和学徒。在这种教育中，学生接受的职业培训较少，但具体培训较多，因为他们清楚自己的就业前景，而且学校和企业这两个学习场所将理论学习和实践学习完美地结合在一起，使理论支持实践，实践强化理论。

（二）行业主导

行业组织在校企合作的各个方面都发挥着关键作用，并利用自身的专业优势促进校企合作的发展。在决策方面，针对企业对工人技能的需求，行业组织在员工培训和资金资源等重要问题上做出全局性决策；在学校管理方面，行业组织在设计职业培训学校的基本框架、关键文件和具体特色方面发挥主导作用，行业专家积极参与职业培训学校的教学工作，开展教育教学质量评估并做出相应的决策，促进职业培训与企业的协同发展，通过培养技术人才支撑国家经济战略的发展[③]。澳大利亚的 TAFE 就是以行业为主导的职业教育。通过改革和进一步发展，

[①] 刘芳武. 德国"双元制"职教模式对我国职业教育改革的启示［J］. 继续教育研究，2016（1）：121-122.
[②] 银盈. 德国双元制职业教育特点及启示［J］. 卷宗，2015，5（10）：236-237.
[③] 李玉静，孙琳. 澳大利亚职业教育管理体制和运行机制的特点及启示［J］. 职业技术教育，2014，35（35）：89-93.

澳大利亚政府正在构建一个具有特色的职业教育体系。

（三）学校主导

美国当前正在采用一种由学校主导的"合作教育"模式，即职业学校和企业的合作，通过理论与实践有机融合的方式，逐步培养学生的经验。在这种合作关系中，职业学校和企业根据各自的职责将课堂学习和实践结合起来，使学生被安排到与其职业目标相对应的领域，培养相关的专业技能[①]。

学校在所有领域发挥主导作用，包括制订和实施项目计划、管理学生和组织与雇主的合作、提供指导和咨询、评估和监督学生。社区学院是实施"合作教育"的专门机构。成人教育中心是"合作教育"的主要载体，许多企业积极参与到成人教育中心的教育过程中。

德国、澳大利亚和美国是职业教育和培训体系比较完善的国家，政府、企业、行业和学校四方合作，合作各方根据自身的情况，不断完善相关的制度，充分调动合作各方的积极性，搞好校企合作，实现多赢局面。这些国家的做法对我们研究职业教育与培训中的校企合作具有借鉴意义。

二、国外校企合作下的教学模式设置原则

国外校企合作模式下的学校大多有上百年的发展历史，不仅有完善的学制、一流的"双师型"教师队伍和灵活的办学机制，其校企合作机制也具有鲜明的特色和可供借鉴的教育模式。国外发达国家在教育设计过程和校企合作实施过程中，往往坚持以下三个原则。

（一）明确分工的原则

校企合作机制下的中职学校人才培养的两大主体分别是企业和学校，由于两者的属性不同，在人才培养过程中所扮演的角色也不同。德技并修的技术技能型人才培养是学校的主要任务，职业学校要从职业教育的发展规律、技术技能型人才的成长规律出发，坚持做到专业设置与产业需求对接、课程内容与职业标准对接、教学过程与工作过程对接、学历证书与职业资格（技能等级）证书对接，这样培养出的高素质的技术技能型人才有利于经济和社会的发展。同时，企业要充分发挥在资金、技术、设施、设备、管理等方面的优势，特别是要为学生提供实习、就业和创业服务。

---

① 李立新. 美国职业教育发展特点及启示［J］. 中国成人教育，2014（5）：100-102.

（二）理论与实践相结合的原则

现代社会需要的人才是高素质、高技能的人才，作为社会人才培养主阵地之一的中职学校，必须不断调整步伐，努力向培养高素质、高技能人才的目标靠近。然而，传统教学侧重理论知识的传授，而弱化了对学生技术技能的培养。为了弥补传统教学的不足，国外一些技工学校引入了校企合作机制，注重培养学生的实践技能。在此背景下，校企合作机制下的中职学校应始终遵循理论与实践相结合的原则，从根本上改革传统教育的弊端，培养全面发展的时代所需的高层次知识技能型人才[①]。

（三）资源共享的原则

一方面，职业学校充分利用合作企业的设施和资源，让学生在企业接受职业培训；另一方面，学生在学校学习文化常识、职业技能和基本技术理论，合作企业充分利用职业学校的知识、科学技术和人力资源。这种职业教育培训模式充分利用了企业和学校的资源，其实质是职业教育与企业生产相结合，形成一个资源共享、优势互补的有机整体，从而有助于提高培训质量和就业率。

三、国外校企合作教学的重要经验

职业教育中的校企合作在不同国家的文化、政治和经济背景下有不同的发展方式。但校企合作模式下的教学成就是有目共睹的，笔者认为所有这些成功的职业教育校企合作都有一定的保障措施，值得我们借鉴。

（一）完善的法律体系

从德国的双元制到美国的社区学院，以及澳大利亚的 TAFE 模式等，都有一套强有力的法律体系支撑着校企合作，尤其是德国的双元制以其强有力的法律支持而闻名于世。除了有法可依，还要有法必依。每个国家的法律都有非常明确的规定，对义务、权力和制裁都有清晰的界定，这确保了法律的顺利实施。同时，与地方法规紧密合作，形成一套完善的法律体系，提高企业参与校企合作的意愿。

（二）企业实质参与教学

企业实质性地参与到教学中，其过程是相对漫长而复杂的，只有将教师、设备、技术、员工、系统、资金和课程等要素充分融入学生的学习，教育模式才会

---

① 梁东，杨宇鹏，顾桥. 国外高校经管类专业实践教学校企合作模式的研究 [J]. 社科纵横（新理论版），2009，24（1）：74-75.

变得有效。德国双元制的亮点是企业积极参加课程制定和教材开发；英国工读交替的现代学徒制模式下，企业真正参与学校管理并制定职业标准；TAFE 学院的董事会由公司雇员组成等。不同国家之间的横向比较表明，企业均以不同的方式参与到教学中。

（三）政府财政支持

美国的各类职业技术教育与培训机构不是以营利为目的的，其经费来源主要有当地财产税、州政府拨款、联邦政府资助、学生学费。这些经费主要用于增设新的专业课程和培训计划，以及向残疾学生和低收入家庭学生等提供资助。所以说，政府灵活的财政支持也是职教校企合作成功的重要因素。

（四）严格的职业资格制度

职业教育和培训需要有社会认可的评估机制和资格证书。英国有"国家职业资格证书"和"普通国家职业资格证书"两种体系[①]，这两种职业资格证书互通，并且与学术资格互通，在国内得到企业的认可，同时是进入职场的依据；澳大利亚也建立了全国统一的资格认证框架[②]。正是有了严格的职业资格认定制度才有了对职业教育的认可、对职业教育的价值认定。

[①] 夏洁露，金小平．关于保障校企合作持续发展的途径研究［J］．中国职业技术教育，2007（23）：55.

[②] 金薇．职业学校校企合作的模式、问题与对策：以苏州地区为例［D］．苏州：苏州大学，2008．

第三章　国内产教融合下的中职
会计专业教学模式

在职业教育人才培养研究中，没有完全不变的人才培养模式，也没有完全符合各地区不同时段的人才培养模式。随着社会的进步，中职学校的人才培养必须适应现阶段社会发展的步伐，针对欠发达地区的中职学校，探索与地区经济发展水平相适应的现代人才培养模式是非常重要的。职业教育人才培养应通过对课程的深化、总结、收集、再思考、归纳、提炼，设计出适合各个学校、市场需求和师生特点的教学活动，开发出实用的教学方法。

为了培养更多高素质技术技能型人才，校企合作是职业教育发展的有效途径，探索以产教融合为根本的育人思路，从而建立人才培养长效机制，为培养综合型职业化人才提供强大的支撑，同时为中职学校办学提供活力。会计专业是一门实践性、操作性很强的应用型专业，为了培养适应社会经济特点的会计人才，中职会计专业人才培养应该适应校企合作的背景，通过学校与企业的深化合作制定最佳的人才培养策略，坚持实践教学。

第一节　会计专业人才培养模式下
产教融合教学的重要性及特点

一、产教融合教学的重要性

当前，很多中职学校都设立了会计专业，相对于同类型专业，其招生情况相对火爆，但会计专业的就业率对口有待提高，具体表现在三个方面：首先，学生对企业的满意度有待提高，主要是工作较枯燥，难以发挥个人优势，也难以晋升；其次，企业对学生的满意度有待提高，部分学生缺乏实践能力，无法适应工作岗位的要求，跳槽较频繁，导致企业用人成本高；最后，部分学校对会计专业就业对口率低与报考率高相对不平衡的现状认识不清，不同学校人才培养方案大同小异的现象比较突出。教学内容与企业需要不符，也是部分中职学校会计专业人才培养的基本现状。

校企合作、产教融合，改革人才培养模式，是提高人才培养质量的关键。建立以就业为导向的中职会计专业人才培养模式，企业参与人才培养，对学生、企业、学校三方的发展都具有重要作用。

这种产教融合教学的重要性主要体现在以下几个方面。

（一）利用校企资源培养会计人才

在中职会计专业中，产教融合教学为学生提供了一个很好的实践学习平台，能够让学生了解自己所学的会计知识与企业实际需求之间存在的差距和问题。此外，通过产教融合教学，学生可以在会计专业人员的指导下，体验与企业的交流与互动，同时在企业中学以致用。在产教融合的过程中，学校还可以了解企业对会计人员的需求，调整和改革教育体制和教育策略，制定符合企业需求的会计专业人才培养体系，开展更有针对性的人员培训，为企业提供更多的后续人员储备，不断进行自我定位。

（二）建立长期稳定的合作关系

随着我国经济的持续发展，社会不仅对会计专业人才的需求增加，而且积极推动学校教育与企业教育的融合。一方面，产教融合有利于企业与学校之间的质量管理，可以建立长期稳定的合作关系；另一方面，双方可以结合自身情况，不断推动深化合作。

在产教融合下，校企双方制定专门的培养模式，不仅可以使学校改变传统的会计教学方式，还可以在一定程度上打破校企之间的传统壁垒，帮助双方培养合作意识和协同意识，进一步推动有限资源的互通互联。

譬如，学校可以聘请有企业工作经验的会计人员担任教师，这样既可以提高学生对理论知识的掌握程度，又可以让学生积累一定的工作经验。此外，学校还可以选派教师到企业进行实践学习和培训，提升其实践能力。校企互派人员能够有效提高中职会计教育的质量，并根据企业和社会的发展引进更多的技术人员。

（三）改革实践教学模式

科学技术的飞速发展以及数字化时代的到来，既对企业产生了深刻的影响，又对中职学校会计专业产生了深刻的影响。学校必须持续培养具备高素质的技术技能型人才，但与此同时，在信息技术不断发展的背景下，企业对高素质技术人员的需求也在不断增加。中职学校的会计专业采用产教融合的教学模式，有助于教学方法的变革和实训内容的创新。中职学校在合理开设会计专业相关教学课程之后，还可以为学生提供校内实践课程和校外实习机会。这样不仅可以提高学生的实践能力，也有利于学生将所学知识更好地应用到实际工作中，是提高中职学校会计实践教育的针对性和有效性的方法。

（四）提高教学效果

学校要结合课堂以及学生的实际状况，开发灵活多样的教学项目，兼顾课堂实训与企业岗位实训；实训内容以工业企业业务活动为主，兼顾其他多种行业的经济活动；实训形式以手工操作和电脑操作相融合为主。会计模拟练习是会计实践课程中的一门重要课程，学生在教师的指导下在校内教室进行练习。实训内容包括填制和审核原始凭证，编制、审核和传递会计凭证，登记会计账簿，编制报表、实行人机并行处理。通过财务分析和以会计任务为基础进行学生之间的相互审核等，能够有效地弥补会计理论教学与实际工作之间的差距，帮助学生在学习会计理论的同时，培养运用、分析和实践相关知识的能力，提高相关专业技能，为今后顺利开展校外实习打下基础。

二、产教融合教学模式的特点

在会计专业教学过程中，中职学校必须根据会计专业的特点，坚持"满足专业需求，强化专业技能"的原则，以就业为导向进行教学，以提高会计专业学生的实际应用能力。因此，会计专业教师需要改变传统的以理论为主的教学观念，以"实践、应用"为教学主题，结合理论，以提高学生的专业实践能力。实践教学能够培养学生的实践操作能力和分析解决问题的能力，从而提高学生的工作效率。笔者通过对国内外产教融合机制下中职学校会计专业教学模式的不断探讨和研究，认为我国中职学校会计专业的教学模式应该具备以下几个特点。

（一）突出针对性

在合作企业的选择上要有针对性。中职学校可以与部分中小企业进行校企合作，大企业的角色描述详细，财务流程多，学生几乎不可能在短时间内了解会计实践的全过程。而中小企业也更愿意与学校合作，学生在实习期间可以为这些企业提供一定的服务。例如，中职会计专业可以与会计师事务所和会计机构合作。与单一的实践不同，会计师事务所可以为学生提供更多的实践培训和工作机会。这些企业可以提供的业务类型也多种多样，既有一般工业企业业务，也有商业企业业务、服务行业业务等，涵盖范围广泛，有助于培养学生的技能。

（二）强化实践性

会计专业的实训教学场所可以是校内的情境化仿真实训室，也可以是合作的企业。总之，产教融合的会计专业实训模式具有以下特点：为学生创造了真实的环境，使学生真正接触到企业经营管理部门的日常运作，培养学生的实践经验和技能。

譬如，学校与企业合作建设实训基地，最终形成教学、培训、职业技能鉴定三位一体的实训基地。配置行业领先的教学实训设施，建立财务管理、企业资源规划（Enterprise Resource Planning，ERP）沙盘等模拟实训室，同步建设"教学一体化"实训场所，为每位学生提供一个月的财税专业实训，提高学生的应用能力。依托校外实习场所，充分利用企业真实的工作环境，学生可以学到很多课堂上学不到的知识，为将来适应职场打下坚实的基础。

（三）关注综合性

由于会计是一门实践性很强的专业，用人单位在招聘时既注重人才的专业素养，又注重相关的实践经验，关注会计专业毕业生是否具有扎实的专业功底、是否具有分析和解决问题的能力。除此之外，企业更注重学生的工作态度、人生观、价值观、责任心和工作中所涉及的其他方面的技术和能力。在对会计专业的学生进行产教融合教学的过程中，一方面要将理论转化为实践，使学生巩固课本上的知识；另一方面要通过企业岗位实训的方式，使学生了解企业的业务操作规范和经营管理模式，学习与人沟通交流的技巧、行为规范等，确保在提高实践能力的同时提升综合素养，为就业积累经验。

第二节　国内产教融合下的会计专业人才培养模式

人才培养模式是为实现人才培养目标而采取的运行模式，包括为实现一定的人才培养目标而运用的教学模式、教学实践、教学方法和人力资源开发路径等诸多要素①。人才培养目标是指导人才培养的基本条件，社会对人才需求的多样性和人才的各种特性是确定人才培养目标的主要依据。培训计划、职业态度、计划体系和评估体系等框架条件是实现培训目标的保证。所有这些要素都必须为培训方法和组织指导体系提供保障。

每个行业所需的知识、技能和人力资源的质量各不相同。会计行业作为直接顺应市场经济发展和与企业经营模式最密切相关的行业，其从业人员必须具备适应市场经济发展和行业模式转变的能力和素质。要想形成适应市场经济发展的会计专业人才培养模式，首先要遵循会计专业人才培养模式整体系统的层次脉络，正确认识子系统的重要性及其关系，才能使中职会计专业人才培养具有系统性和科学性。

随着我国中职教育和会计专业人才培养的发展，各教育主体也认识到中职会计教育必须以就业为导向，紧密结合市场、企业和行业的需求，必须将会计职业技能的要求与中职会计教育的内容和方法有效结合，"产学结合、校企合作"是培养合格中职毕业生的必要手段。通过改革和探索中职教育的一系列人才培养模式，中职教育的质量和毕业生的综合技能得到了一定程度的提高和发展。

世界职业教育领域最有影响力的研究者之一菲利普·福斯特（Philip Foster）认为，职业技术教育的发展必须从劳动力市场的真正需求出发，职业教育的真正出路在于"产学合作"②。国内中职教育相关学者认为，"产学结合"是中职教育能力本位培养模式的关键，我国大多数职业学校根据自身实际，采取了"订单式"人才培养模式、"校企合作、产教融合"人才培养模式、"1+1+1"人才培养模式、"理实一体化"人才培养模式，收到了一定的成效。下面我们将对这些模式进行具体的分析。

一、"订单式"人才培养模式

会计专业"订单式"人才培养模式是指学校与企业根据企业的需求进行深入合作，学校与企业共同制定员工培养方案，委托企业聘用学生，双方就教师的技能、教材等办学条件进行合作，使学生在校期间既是学校的学生，又是企业的员工。学生在学校和企业接受教育和实践培训，毕业后直接受雇于企业。

学校首先根据学校和委培企业所需的人才数量，选择信誉良好、有合作意向

的企业作为委培合作伙伴，确定招生规模，经委培企业面试合格的考生通过学校的录取线，成为委培企业委培班的学生；学校与委培企业共同制定人才培养方案，其核心课程和专业实践教师均由委培企业兼职教师担任。按照"2+1"原则，学生前两年在学校学习基础技能，第三年在委培企业学习专业技能和职业发展技能。毕业后，学生被委培企业聘用，成为其正式员工。

（一）"订单式"人才培养模式的重要意义

目前，中等职业教育的服务、就业和技能目标，为培养企业需要的技术人员提供了强有力的支持，并根据就业需求在学校和企业之间牵线搭桥。此外，还为满足学生在学历和第一份工作方面的需求创造了有利条件，并在以下方面产生了积极影响。

1. 创新培养模式，促进职教改革

通过狠抓落实，努力应用"订单式"人才培养模式，既能缓解学校当前难以招生、毕业生就业率有待提高的问题，亦能对学校教育教学的一系列改革、教学模式和专业课程的创新以及学校工作的开展和创新起到非常重要的推动作用。总而言之，这是能够以点带面，实现中职学校不同工作同步发展的重要模式。

2. 推动工学结合，实现优势互补

"订单式"人才培养模式能够有机融合中职学校教学与企业实践，最大限度地利用学校的正规职业培训资源，培养学生的综合素质，同时通过与企业的合作，弥补生产实训条件不足、专业技术人员缺乏等方面的缺陷，最大限度地发挥用人单位的物力和专业人员的作用，进一步实现学校与用人单位的利益互补。

3. 提升学生的岗位适应能力，实现高效就业

"订单式"人才培养模式变革了学校传统运作方式。具体而言，理论教学的场所为学校，而实践课程的场所为培训中心或企业。学生的实践培训内容与他们将来的就业紧密相连，推动学生与就业"紧密衔接"。这既能够缩短学生毕业后的试用期，提高学生的职场适应能力，为他们今后的发展提供更多的选择，亦能够大大提高学校和企业招聘和使用人力资源的效率。

（二）企业参与下"订单式"人才培养模式的运行

企业应当从长远的视角出发，明确产教融合的优势，既要将自己视为学校的"客户"，更要将自己视为"教育主体"之一，把产教融合看作创建"学习型企业"的重要内容。

1. 在设计课程时要做好企业调研

会计专业的课程设置不仅要考虑到工作的实用性，与行业发展紧密结合，还要具有前瞻性，在充分调研的基础上，根据企业发展动态及时调整，改变理论与实践脱节的教育现象，尽最大努力缩短学生毕业后适应工作的时间。在设计专业课程时，学校需要深入企业，了解企业的想法。企业也应发挥主导作用，将自身的用人要求、标准和规范融入课程目标。企业贴近社会，贴近市场，更贴近作为市场经济状况"晴雨表"的消费者，有企业专业人员参与的课程设计更贴近现实，更具针对性、适应性和可实现性。

2. 充当课程实施的助力者

分阶段进行会计课程开发计划，并使之在实践过程中持续完善。以工作为基础的学习在中职课程中具有关键价值，而且超过 80% 的课程在企业中实施。在人才培养过程中，企业不仅承担提供实训基地的任务，也需要承担提供高技能人才进行教学的任务，尤其在这一阶段，企业教师比学校教师承担更多的指导和辅导任务。当然，我们不能将这种课程的实施与学徒制或职业培训混为一谈，它应该有一个完整的教学体系，既能推动学生的身心成长，又能提高学生的人文素质。企业是实施课程的有力助手，但不能喧宾夺主，凌驾于学校之上。

3. 要做课程评价的主角

课程评价作为课程开发的指挥棒，伴随着课程开发的全过程。中职课程的目标和内容是否恰当、实施过程能否契合课程计划、实施过程中是否发现新的问题等，都需要通过课程评价来确认。由于不同人群对事情的看法并不一样，评价指标过于单一，容易造成评价中出现偏差与盲点。因此，应邀请学校专家和企业专家共同参与中职课程评价，更应将企业专家作为课程评价的关键人物。只有让企业代表参与中职教育课程评价，肯定他们的主体地位，尊重他们的真知灼见，才能将来自企业的最新技术成果和市场信息渗透到会计课程开发中，使中职教育会计职业课程始终贴近市场、贴近工作，使学生学会在实践中去粗取精、去伪存真地运用理论，使中职教育课程在实践中不断完善、不断发展。

（三）深化"订单式"人才培养模式的细则

作为重要的人才培养模式之一，"订单式"人才培养模式需要持续探索和实践，关键是要根据新的发展情况和有关方面的具体要求，不断调整课程设置，做出适当安排，以适应企业的需要、学生的愿望和学校的教育水平，并符合中等教育的法律规定。

"订单式"人才培养模式对企业、学生、学校三方而言作用巨大，但由于参与主体的状况各不相同，仍存在很多矛盾需要解决。因此，需要三方通过广泛深入的协调找到共同点，采取最合适的方式方法，最终实现预期目标。

在实施"订单式"人才培养模式的过程中，签订合作协议，组建订单班，共同制订培训计划、实施方案和管理办法，是订单班成功开办和全面发展的必要条件和保障，必须认真对待，审慎实施，才能取得预期效果。同时，还应该做好以下几个方面的工作。

第一，统一思想、更新理念。充分认识"订单式"人才培养模式的重要性，与此同时，坚持以订单培养为契机和切入口，全面推进会计专业建设和课程改革。

第二，加强管理、严抓落实。严格执行订单培养计划，把提高员工素质的培养目标落到实处。对于订单班的工作，学校领导必须亲自负责并组织实施。必须组织专业人员（包括实训处主任、专业督导员、分管校长、订单班班主任和其他精英成员）专门负责教授课程和管理学生。

第三，广泛宣传、深入动员。一方面，要确保学生深刻认识到订单培训对能力提升和就业的重要性；另一方面，要确保学生认识到自己的机会来之不易，教育学生珍惜、认识和利用好这一机会。此外，进一步教育中职学生自主培养自身的职业精神和社会适应能力，进一步提高自身的职业素养，以达到订单培养的预期效果。

第四，坚持探索、校企合作，尤其是在"订单式"人才培养模式的运行机制和管理方式方面，要及时解决不同问题，认真吸取不同的经验和教训，并进行改进，展示改革的实际效果。

当前，中职学校的培养模式愈发倾向于采用"订单式"人才培养模式。"订单式"人才培养模式既能充分展现企业的需求，亦能体现培养目标、课程体系、教学方式、评价体系等。

总之，中职学校会计专业教学应朝着教育与就业紧密结合的方向发展，为实现产学合作、委托培养做出贡献，真正朝着"结合市场、自主办学"的新方向发展。这种"结合市场、自主办学"的新模式必须切合实际，立足于工作岗位的实际需要，契合工作岗位对会计人员知识框架和员工综合技能的要求。在这种模式的指导下，中职学校会计专业人才培养目标的制定应尽力与中小企业会计专业的岗位要求相契合，这样才能真正体现中职学校会计专业人才培养的特色。以这一人才培养目标为指导，中职学校必须结合教师的技能优势、学生的能力水平，努力实现既定目标。

二、"校企合作、产教融合"人才培养模式

"校企合作、产教融合"这一人才培养模式就是指根据合作办学、合作育人的理念，以地方政府管理为主，以企业提供的岗位为方向，以职业活动、职业技能和行业企业为学习内容的员工职业培训模式，采用实践教育方式组织教学，最终培养出高素质的企业合格员工。总而言之，这是一种以培养具有高素质的合格人才为目标的人力资源职业培训模式。

顾名思义，校企合作是指学校与企业建立的一种合作模式。当前社会竞争激烈，职业教育学校为谋求自身发展，抓好教育教学质量，提升学生的综合实践能力，多倾向于选择与企业合作，让学生在实际工作环境中提升自己的能力，有针对性地为企业培养出具有实用性和实效性的高技能人才。

产教融合就是指让学生在学习的同时进行工作，从而培养出具有中职学校特色的一线应用型会计人才。进入 21 世纪，相关学者对这一概念进行了拓展，认为产教融合是将实际工作经验、职业培训技能和教育理论知识结合起来，更好地培养学生，帮助他们在激烈的社会竞争中立于不败之地的最佳教育方法。

总而言之，"校企合作、产教融合"人才培养模式将课外实训与课堂学习相结合，使学生不仅获得了重要的职业培训机会，还获得了课堂上无法获得的知识和经验，有助于他们在未来的职业生涯中更容易上手，顺利地进入劳动力市场，并获得更好的职业发展。

该模式的核心是让学生参与模拟职业培训，将学习成果应用到真实的工作情境中，验证学习效果，优化学习内容，在提高学习技能的同时，提升学生的综合职业素养。此外，校企合作是产教融合的基础，产教融合是校企合作的有效途径，校企合作为产教融合提供了广阔的平台。

（一）实施"校企合作、产教融合"人才培养模式的意义

实施"校企合作、产教融合"人才培养模式，对中职学校的学生来说，使他们离开了只学习理论知识的课堂，以员工的身份参与到企业会计工作中，并在实践过程中提升技能。这一模式坚持企业师傅与职业学校教师双导师辅助，不断规范学生的组织纪律，使他们的学习与其职业生涯相一致，使其从学生角色转向职业角色。

实施"校企合作、产教融合"人才培养模式，对企业来说，可以通过学校教育，将企业对职业学校毕业生的要求融入企业所需人才的培养过程，培养企业真正需要的实用型人才。通过这种方式，既可以将员工培训课堂延伸到生产现场，达到在生产过程中培训员工的目的，又可以让学生尽早体验工作内容，将就业与培训紧密联系起来。

实施"校企合作、产教融合"人才培养模式，对中职学校来说，可以充分有效地利用企业的生产条件和职业氛围，在这个过程中提高学生的专业技能和职业道德。

（二）"校企合作、产教融合"人才培养模式运行策略

1. 建立校企合作机制

学校与企业是培养合格专业人才的重要场域，促进学校与企业的合作，保证会计专业学生理论知识与实践环节的紧密结合，是非常重要的改革举措。学校应当采取多种措施吸引企业与学校建立深度的合作关系，并使合作企业按照学校在不同阶段开设的相关实践课程，到学校开展相关会计实践教学。低年级的认识实习课程可以让学生到企业了解会计实操的全过程，更好地理解会计业务，为以后的会计专业学习做好铺垫。高年级学生更需要对理论知识进行深化，可以到企业进行一段时间的岗位实习，从而巩固理论知识，提高实践能力。

由于同一家企业难以同时招收多名会计专业学生进行实习，而校外实训基地可以让学生随时参与观摩，不断提升其感性认识。为了提高教育过程的实践性和开放性，政府应在学校与企业之间起到桥梁和媒介的作用，针对企业缺乏主动性的问题，可制定和完善有利于企业的激励机制，降低企业的人才培养成本。政府应把握人力资源实践的核心，抓住影响产教融合成效的关键因素，号召企业结合社会需求，积极创建实习基地，为学生提供更多的实训机会，从而培养更多合格的会计人才。

2. 提升教师的综合能力

由于会计专业是知识性和技能性都很强的专业，为了达成教学目标，首先要求会计专业教师掌握扎实的会计理论知识，同时应具备较强的实践教学能力。中职学校可以从两个方面实现教师专业技能的提升：第一，应鼓励中职会计教师到企业工作，熟悉企业活动和会计业务。为此，学校可以建立可行的校企合作长效机制，定期轮换学科教师。第二，可以专门聘请企业的会计师、财务总监和其他

高级会计师到学校开设就业指导课程，或以兼职讲师的身份教授实用科目。这样不仅可以增加教师与会计从业人员的接触机会，还可以加深教师对社会上会计从业人员需求的了解，在这个过程中，教师可发现新的兴趣领域，找到新的科研课题方向，从而提升教师的综合教学能力。

3. 开发岗位技能教材

教材是培养人才的基本工具，教材的质量直接影响着学生能否具备扎实而准确的理论基础。中职学校应该联合起来，邀请资深的会计专业教师了解人才培养的需要，编写一套真正具有实用性的教材，使中职学校的会计专业教育更加系统化和专业化。

4. 完善就业指导工作

就业指导工作对于学生能否在就业之前做出正确的选择有着很大影响，同时也影响着学生今后的个人发展方向，对于不同的年级要设立不同的教学目标。为了加强学生对今后就业方向的认知，学校要加大宣传力度，可以运用黑板报、广播站、微信公众号等方式加强学生的职业规划意识。同时，学校也要为学生配备专业的心理咨询师，及时发现并解决学生的心理问题，使学生以健康的心态投入今后的工作中。

5. 创新教学评价体系

教学方法的改变也要求对评价体系做出相应的调整。首先，为会计专业人才培养建立适当的评价体系是改善学校与企业合作方式的重要内容。评价的重点是会计教育的内容、程序和方法。通过系统的评价，可以了解当前教学的优缺点，不断完善现有的教学体系。其次，在校企合作建立会计教育评价体系的基础上，应注重建立能力应用过程评价体系，取代以往单纯注重结果和过程评价指标的评价方法。最后，评价方式必须多样化，以保证评价内容的全面性和广泛性[①]。

总之，"校企合作、产教融合"已成为我国中职学校培养学生的必然发展趋势，能够实现社会、企业以及学生的同步发展。随着中等职业教育改革的不断深入，越来越多的学校对国家倡导的"校企合作、产教融合"人才培养模式进行了探索和研究，获得了一定的成效。

---

① 储丽琴，曹海敏. 地方工科院校应用型本科会计专业人才培养模式研究 [J]. 商业会计，2012（22）：110-112.

三、"1+1+1"人才培养模式

"1+1+1"人才培养模式中的三个"1"分别是指人文素质、职业能力和创新教育。人文素质是"1+1+1"人才培养模式的基础，职业能力是"1+1+1"人才培养模式的核心，而创新教育是"1+1+1"人才培养模式的新要求。

（一）以人文素质为基础

人文素质是指人们在人文方面具有的综合品质或达到的发展程度。人文素质包括四个方面的内容：具备人文知识、理解人文思想、掌握人文方法、遵循人文精神。

因此，中职学校在培养会计专业人才时，应重视人文素质的基础性，使学生具备良好的人文素质，让每位学生都学会与他人、与其他民族、与自然环境和谐相处。在这一培养过程中，不仅每位学生能够满足社会和经济发展的需求，而且所有相关人员都能不断进步，实现人生价值。

（二）以职业能力为核心

职业能力是人们从事某种职业的多种能力的综合，不同国家对职业能力有不同的定位。英国将职业能力定位为核心能力，强调综合职业能力的培养；德国将其称为"关键能力"，符合职业教育满足现代人持续发展的需要；美国的职业能力观是从职业本身出发，掌握某一岗位所需的能力，故美国将其称为"基础能力"。在中国，职业技能是一般职业能力、专业能力和综合职业能力的总和。尽管存在这些差异，但各国对职业能力的基本要求是相同的。

与普通教育不同的是，职业教育的目标是培养各行各业的高素质劳动者。这就要求在课程开发中充分考虑社会和经济发展的需要，中职学校必须强调职业技能在人力资源开发过程中的核心地位。中职学校要培养学生的职业能力，不仅要使其掌握职业技能，还要实现职业技能的整合。通过这种方式，学生的职业技能潜能才能得到开发，才能更好地适应当前社会经济发展的需要。

（三）以创新教育为抓手

创新教育就是以培养人们的创新精神和创新能力为基本价值取向的教育。创新教育不是脱离素质教育，而是把素质教育推向一个新的台阶，是为深化素质教育找到了一个"抓手"。现代社会知识储量越来越丰富，科技进步日新月异，科技和人才竞争已成为当前竞争的重要内容，而创新是在竞争中取得优势的重要手段。据此，创新俨然成为国家经济发展、科学技术进步以及人才培养提升的重中之重。培养创新型人才成为国家经济和社会发展的活力源泉、提升国家竞争力的主要因素。在此背景下，培养具有创新意识和创新能力的人才队伍已成为当今社会对中等职业教育提出的新要求。与此同时，这也是中等职业教育推动自身改革与发展的良好契机。

四、"理实一体化"人才培养模式

"理实一体化"人才培养模式是以工作过程为导向，将理论与实践相结合的一种教学方法。它打破了传统的教学理念，明确了会计专业的教育目标，强调了学生在整个教育工作中的主体地位。这种教学方法明确了教学任务和教学目标，教师和学生在教、学、做的氛围中共同完成专业课程的学习，最终完成学习任务。从中职学校的教学方面来看，理论教学与实践教学有机融合，各自占学生教学任务的50%，既能向学生全面展示教学内容，又能更好地激发学生的学习热情。

"理实一体化"人才培养模式充分展现了职业教育"以就业为导向、以能力为本位、以职业实践为主线"的价值理念，不仅强调对学生实践能力的培养，也重视对学生理论知识的教学，让学生在学习过程中更好地掌握知识体系，达到既知其然，亦知其所以然的目标，使学生的专业技能更加扎实。

传统教学模式过分强调教师教学的重要性，将教师视为教学过程中的关键，而忽略学生学习的重要性，导致学生的学习更多是被迫接受。通常情况下，教师上完课身心俱疲，而部分学生并未掌握教师所讲授的知识技能，最终的教学效果可想而知。"理实一体化"人才培养模式强调学生作为学习主体的价值，借助实践操作不断提升学生的实践能力，帮助学生在实践过程中学会知识技能，将被动学习转变为主动学习，将枯燥学习转变为快乐学习、有趣学习。

（一）"理实一体化"人才培养模式的特点

"理实一体化"人才培养模式，亦称"教—学—做一体化"人才培养模式。所谓"理实一体化"人才培养模式，是指通过不同的处理方法，将理论教育与实践教育相结合，在教育过程中注重教学方法的训练，让教师在"做中教"，让学生在"做中学、学中做"的一种教学模式。"理实一体化"人才培养模式旨在摆脱传统教学中理论与实践、时间与空间相分离的状况，使教学与实践、行动、学习、专业技能互相融合，在理论与实践的学习中充分展示学生的学习主体作用，调动学生的学习兴趣，提高学生的专业技能。这对于学生形成职业观念，缩短适应社会职业岗位的时间，培养适应社会用人单位需要的人才具有重要作用。此外，这一模式强调合理规划理论学时与实践学时的比例，既不能过于重视理论学习，也不能过于重视实践训练，理论以"必须"为原则，以"够用"为度。

中职教育是指职业教育，亦是培养职业人的教育。中职教育的"中"代表中等教育，"职"代表职业性与技能性，也就是说，中职教育要培养的人才是具有专业素质的人才，重点是培养学生的职业技能。职业技能的培养不局限于课堂理论教学，"理实一体化"人才培养模式可以把单纯的课堂变成理论培训与实践的活动室，有效打破学术壁垒和社会壁垒，使学生零距离接触社会和职场的社会氛围，培养其创业精神、进取精神和职业素养。

（二）"理实一体化"人才培养模式的优势

"理实一体化"人才培养模式将课堂理论教学与企业实训、工作体验相结合，打破了学校与社会的壁垒，让学生零距离接触社会，从而提高学生的专业技能。

"理实一体化"人才培养模式更适合培养中职学生的学习能力，因为中职学生的形象思维强于抽象思维，实际动手能力强于思维能力，能够达到因材施教的效果。

"理实一体化"人才培养模式能有效解决中职学生学习兴趣不浓、学习习惯有待养成的问题，通过"做中学"有效激发学生的职业学习兴趣，提高学习效率。"理实一体化"人才培养模式通过在课堂、企业、办公室等场景中的实践锻炼，提高学生的社会适应能力，缩短其社会适应时间。

（三）"理实一体化"人才培养模式的构建

1. 准备阶段

准备阶段要做好三个方面的工作：一是教材开发。教材是联系师生双边教学活动的重要载体，教材质量的高低在一定程度上影响着教师的教学效果。现在大部分教材不符合"理实一体化"人才培养模式，所以教师需要根据经验将理论教材和实训教材有机结合，编写校本教材。2019 年国务院印发《国家职业教育改革实施方案》，明确提出加强校企"双元"合作开发教材。只有大力提升中职教材的实用性和可操作性，才能更好地提升职业教育的质量与水平。二是课程规划。教师要根据教学大纲和课程标准以及一体化教学的需要编写教案，在课堂教学中把理论教学和实践教学有机结合，不能把理论教学单元和实践教学单元区分开来。三是实训材料的准备。教师应根据教学计划准备实训材料。

2. 实施阶段

"理实一体化"人才培养模式需要理论教学与实践教学交替进行，相关教师在编写教案和教学过程中要将二者更好地融合。在编写教案时，理论知识够用、实用就行，技能训练则强调准确、规范及创新。教学过程中可以针对不同班级学生的特点，采用不同的教学方法，如案例教学法、任务驱动法、分组教学法、情境体验法等。

以任务驱动法为例，具体实施过程如下。

（1）组建学习小组

基于任务的具体需要，根据学生的性别、个人特性、知识储备的不同，组建研究小组。既要保持小组成员之间的相对稳定，又要根据"组内异质、组间同质"的需要进行适度调整。选举或任命组长，科学构建学习小组，客观、公正、负责的组长在提高组员的学习效果和效率方面发挥着重要作用。

（2）介绍项目，明确任务

教师介绍本节课要完成的任务和学习目标，必要时提醒学生需要注意的事项。学生明确要完成的任务，并开始准备必要的工具和资料。

（3）制定方案，确定步骤

学生基于需要完成的任务，采用不同方式获取相关专业信息资料，其中涵盖教材以外的部分知识。这为了解工作流程、工具清单、材料清单、安全预防措施和环境保护要求，以及制定方案和明确程序奠定了基础。制定了方案，学生就能更清楚地了解"做什么、何时做和如何做"。

（4）完成任务，分享讨论

在完成任务的过程中，教师应鼓励学生独立完成任务，及时反馈问题，尤其要鼓励学生在完成任务时，敢于面对问题，敢于分享和讨论，从而获得不同的想法。鼓励学生纠正同学错误的操作过程，这是学生自我学习和开发过程的一部分。

（5）检查评价，反思改进

教师对一体化课堂进行不间断检查，及时发现问题，并指导学生解决问题。教师分类指导，帮助学生反思和改进。每项任务结束后，请学生以小组为单位进行自评，必要时进行互评，最后教师进行专项或突击检查。

（6）总结巩固

在不同的实践项目结束后，每个小组以PPT形式进行总结报告。每个小组成员均准备书面总结，分别总结项目的优势、劣势、反馈结果等，学校教师必须根据专业要求和学生在现场的表现进行综合评定，剖析学生开展项目的技巧，促进学生不断开阔视野，进一步提升学生的能力。总之，对中职学校学生专业能力的考核，应以学生所学的技能和在工作中掌握的专业技能为依据。

3. 评价阶段

在完成课程教学之后，应当及时对教学成果进行相应的评价。评价不应只关注学生的学习结果，而应更多地关注学生的具体行为、分析和解决问题的能力以及学习理论知识的过程。"理实一体化"人才培养模式与以往的教学模式大不相同，教学评价不应以考试成绩为依据。本书认为，在会计专业课程中引入过程性评价和项目任务综合评价是最优路径，即平时评价与期末评价相结合、理论评价与实践评价相结合、个人评价与小组评价相结合、学生评价与教师评价相结合的全过程评价方法和评价标准。全面的评价标准既能提高学生的学习兴趣，也能促进学生重视实务操作，从多方面发展和创新。

第四章　产教融合下的中职会计专业学生职业核心能力培养

自 21 世纪以来，校企合作、产教融合逐渐受到我国职业教育的重视，成为中职学校倡导的重要人才培养方式，校企合作也逐渐成为职业教育界关注的热点。《国家中长期教育改革和发展规划纲要（2010—2020 年）》指出要创新人才培养模式，《国家职业教育改革实施方案》中要求"坚持知行合一、工学结合"，即校企共同研究制定人才培养方案，将企业的新技术、新工艺、新规范及时纳入教学标准和教学内容，不断强化学生实习实训。

会计专业是我国既传统又热门的专业，社会各界对会计人才的需求量很大。培养专业技能成熟、专业化程度较高的会计人才是我国职业教育的重要任务之一。然而，在当前会计职业教育的发展过程中，由于诸多因素的影响，教育的实际效果差强人意。为了有效解决会计职业教育存在的问题，激活会计专业活力，提高人才培养效率，中职学校应为产教融合提供指引，以会计教育改革促进学生的职业技能和专业化发展。

第一节　企业对会计专业人才的要求

如今，我国经济发展的步伐不断加快，市场急需会计专业人才。面对这种情况，各学校纷纷增加会计专业课程，以培养更优质的会计专业人才来满足市场的需求。中职学校会计专业的教育目标是培养企业财务核算人员，注重人才的应用性，将财务核算人员的实际工作与未来财务管理人员的培养联系起来。从就业岗位情况来看，要求会计专业毕业生具备良好的职业价值观、基本能力、专业能力以及综合职业能力。

一、具有正确的职业价值观

（一）具备坚定的理想信念和政治方向

学生应加强思想道德建设，树立社会主义核心价值观。因此，我们培养的学生必须树立正确的价值观，坚定不移地走社会主义道路，要深刻了解我国的国情，热爱祖国，不能辜负党和国家的期望。

（二）具备良好的工作心态和职业道德

诚实守信是会计行业最基本的职业理念，会计人员应把"诚信为本"当成安身立命的基础。在工作中，会计人员必须认识到职业道德的必要性，要做到实事求是，客观公正，从大局出发，维护社会利益。良好的工作心态和职业道德观念与合格的技能同等重要，影响着会计人员完成任务的程度。

（三）具备必要的职业审慎

会计从业人员应具备一定的审慎水平和胜任能力，在以职业道德为基本准则的前提下保持自律，并在工作中具有一定的职业怀疑精神。

（四）具备"术业有专攻"的价值观

学生在学习阶段就应做好专业发展规划，争取在中职毕业后马上参加初级专业技术资格考试，经过几年的实践后获得中级专业技术资格，然后获得高级会计师/注册会计师资格。尽早完成自我的职业生涯规划，争取成为企业的顶梁柱。

二、具备不可或缺的基本能力

（一）具备基础理论知识

中职毕业生要想胜任工作，就必须具备一定的基础能力，如学习能力、写作能力、逻辑判断能力、人际交往能力、团队协作能力等，这是在今后的人生道路上继续深造的基础。同时，学生需要掌握一些基础知识，如法律法规知识、经济管理知识、办公软件的使用方法等。

（二）拥有健康的身心状态

会计人员除了在室内进行日常业务处理外，还要到税务、银行、工商等部门办理相关业务，这就要求会计从业人员拥有良好的身体素质、较强的沟通能力和健康的心理。

（三）具备一定的计算机操作能力

在信息技术时代，计算机操作水平的高低已成为企业选拔会计人员的重要基准之一，除了日常办公软件，各种财务软件和信息平台也方便了对业、财、税的核算与管理，因此，计算机操作能力也是会计从业人员不可或缺的基本能力。

三、具备胜任会计岗位的专业能力

所谓专业能力，主要指从事某一职业的专业知识和专业技能。在招聘时，企业最关心的问题就是应聘者是否具备相应的专业知识和技能。会计人员只有拥有扎实的知识基础，才能更快、更轻松地发展自己的技能。会计人员需要掌握扎实的珠算、点钞、真假钞鉴别、小键盘录入、会计实务和财务软件应用等技能；税务上做到准确计算税额并依法纳税；能够对企业财务状况和盈利能力进行分析，帮助企业管理者做出正确的决策。此外，会计人员还应该具备较强的职业判断能力，即运用自己的知识和经验，结合企业的实际情况，遵守国家的会计准则，对经济活动的合理性、合法性及合规性进行准确的判断，同时对尚未得出结果的经济交易和事项做出合理估计。

四、注重培养综合职业能力

综合职业能力是指从事某种职业必须具备的，并在该职业活动中表现出来的多种能力的综合，是个体将所学的知识、技能和态度在特定的职业活动或情境中进行类化迁移与整合所形成的能完成一定职业任务的能力。随着市场经济的不断发展，越来越多与会计行业相关的新业务层出不穷，给会计人员带来了严峻的挑战。会计是企业的重要部门，它不仅与企业内部的许多部门（如计划、采购、生产、销售和仓储）密切联系，而且积极与外界互动。因此，企业希望应聘的会计人员具备较强的计算机应用能力、信息收集和整理能力、良好的团队协作能力、人际交往能力等，这是岗位胜任和在工作中开拓进取的重要条件。

第二节　目前我国中职会计专业人才培养的主要问题

一、人才培养目标定位不准，同产业需求有偏差

当前我国现代职业教育体系框架全面建成，中职学校会计专业人才培养目标有所调整，以职业需求为导向、以实践能力培养为重点，不断推进高素质劳动者和技能型人才培养模式的改革，逐步完善复合型人才培养体系。笔者通过对福建省100余所中职学校培养目标的比较，认为中职学校会计专业人才培养的定位有三类：第一类，使学生获得财务会计理论知识和基本技能的应用能力，这是主要的教学任务；第二类相对于第一类较为丰富，要求毕业生不仅有一定的会计理论知识和实践技能，还有一定的管理和法律知识，以及从事统计、分析和控制等复杂工作的能力；第三类旨在培养学生的中级会计技能的同时，能够使其进入高职院校继续深造，这就要求学生具备财务管理的基本知识和技能、适应职业变化的多种专业技能以及在金融和会计领域继续深造的能力。

但是，比较中职学校的教育目标和社会需求，还存在一些不足，主要包括以下三个方面。

第一，中等职业教育的培养目标、学习科目、课程设置和教学内容只是高校课程体系和人才培养方式的浓缩，没有突出中等职业教育的特点，没有充分考虑中等职业教育下的学生与高等职业教育下的学生在学习条件、技能水平、职业领域、知识结构和素质等方面的差异。中等职业教育下的学生较难学到足够的知识，在劳动力市场上的竞争优势较少。

第二，中职毕业生的就业机会与会计人员工作变动频繁之间存在一定的不匹配现象。

第三，鉴于社会劳动力市场对会计人员的需求不断增长，以及大学的发展和扩招，一定比例的中职毕业生有机会进入高等学校继续深造。他们也可以参加高等教育自学考试或远程网络学习，但这要求中职学生具有较强的自学能力。因此，在制定人才培养目标时，必须考虑到学生可持续发展的需要。

二、课程体系欠合理，滞后于企业和社会发展需要

国内中职学校会计专业的课程设置分为公共基础课和专业技能课两部分。从课程体系上来看相对完整，但持续研究会发现存在一些问题。

（一）课程设置的针对性有待提高

课程是实现教育教学目标的关键，是促进学生发展的重要途径，是教育教学活动的核心。中职会计专业的课程由公共基础课和专业技能课两部分组成。公共基础课主要包括语文、数学、英语、思政、体育与健康、计算机应用基础、公共艺术、历史等；专业技能课主要包括基础会计、基础会计实训、会计基本技能、出纳实务、初级会计实务、财经法规与会计职业道德、税费计算与缴纳等。由于课程设置以工业企业会计核算为主，很少开设与其他行业相关的课程，如服务行业的账务处理涉及较少，这样学生的专业面就不够宽，知识的应用性有待提高，难以适应现代经济快速发展的需要。此外，课程讲授方式仍以面授为主，缺乏提升学生综合素质的科目。比如，会计人员需要具备良好的职业道德等，除了开设财经法规与会计职业道德这门课程以外，还需要通过社会实践、企业调研等实践性科目来推动学生养成良好的职业道德。

当前，学校开设的综合课程并不多。从实践性课程设置来看，学生在校学习的两年半时间，学校很少提供实践技能的培训，仅部分学校开展了"认识实习"和"岗位实习"。到了第六学期，学生到企业顶岗实习，理论上是实习，但实际上是兼职求职。因此，学生缺乏实践技能和适应能力。

（二）课程内容没有及时更新

首先，从现有的学校课程可以看出，部分教材内容相对陈旧，在一定程度上落后于国家对会计制度和会计准则的更新步伐，导致某些内容不能反映当前的实际情况。其次，近年来我国的各项税收法律法规已经有了很大的发展，然而，目前学校使用的教材仍以旧版本为主，对学生的学习帮助较小。这些过时的教材内容仍然存在于会计学科的课程中，无法满足现代企业对人才的需求。

（三）课程实施存在随意性，科学性有待提高

一些学校在课程实施方面的科学性不强，存在随意性，并根据学校现有的师资和教学条件决定是否开设某门课程。也有的学校虽然教学计划中的课程相对全面，但在实际教学过程中，每学期都有几门课程的教学内容被淡化。譬如，在教

学过程中，一些专业技能课的基础知识常常被处理成单一的理论知识，而忽略了技能操作的教学与实训，这在一定程度上违背了教育的科学性。

由于中职会计专业学生的学习基础参差不齐、学习态度存在偏差、学习习惯存在差异等，现行的会计专业课程体系无法满足其多样化的发展需求。此外，现有课程的评价方法相对滞后，在一定程度上影响了会计专业学生职业能力的提升效果[1]。

（四）实践教学环节薄弱

在中职会计专业教学中，实践教学在整个教育中所占比例较小。教育部明确规定了中等职业教育的人才培养目标，即学生毕业后有从事与专业直接相关工作的技能和能力。因此，重视实践教学是实现中职学校人才培养目标的有效途径。然而，在会计职业教育中，部分学校开设的理论课程占到专业课程的67%，远远高于实践技能课占专业课程50%的要求。这种教学比例难以培养出满足用人单位要求的人才，难以适应当前市场经济对会计人员的需求。

就校内实训而言，问题在于实训课程缺乏仿真模拟，实训室利用率有待提高。部分实训课程仅限于低层次的模拟，与学生在工作中将面临的经济活动联系不够紧密，缺乏真实感，导致学生对整个会计流程的了解只停留在表面。一些实训课程的内容简单机械，实训效果差强人意。

要在校外找到合适的企业或机构，建立会计专业的实训基地是有一定难度的，因为这些实训基地通常具有高投入、低产出的特点，不便于保留企业的重要资料，有可能泄露企业的商业机密。实训基地的建设只能在校内进行，但是部分学校的实训室仅停留在几间机房和一些实训软件的层面上，并且由于教师设计的实训项目缺乏科学性，或项目与会计工作的实际情况存在一定差距等，无法让学生感受到沉浸式的体验，只能作为学习过程中的完整练习。因此，学校投入大量资金建设的实训室使用率有待提高，实训效果不够理想。

近年来，中职学校会计专业学生人数仍居高不下，而部分学校由于担心实训室建设的投入与产出不成正比，出现了会计实训设备投入不足的现象。虽然大部分学校建设了会计模拟实训室，但各实训室的模拟实训设备并不尽如人意。另外，部分学校建立的电算化实训室往往电算化水平有待提高，软件亟待更新。这些基础设施的不足，直接影响到教师的教学效果。

---

① 晏秀梅. 基于中小企业视角的高职院校会计专业人才培养模式的探究 [J]. 人才资源开发，2017（20）：159-160.

许多中职学校也尝试与校外企业合作，以提高学生的实践能力。但是，有些校外实习并没有达到培养学生会计实践能力的目的。由于会计工作的特殊性，很多企业不愿意接收会计专业的实习生，不愿意把重要的任务交给学生，学生只能做一些基础性的工作。也就是说，学生即使参加了岗位实习，也无法接触一些与会计相关的深层次工作。

三、"双师型"教师队伍有待扩充

会计专业的"双师型"教师是指既能向学生传授会计专业的理论知识，又能指导学生实践操作的教师。中职学校已逐渐意识到建立一支高素质的"双师型"教师队伍对学校发展的重要性。但是，现在部分中职学校只注重证书，认为有教师资格证书和会计从业资格证书或会计职业资格证书的"双证书"教师就是"双师型"教师。其实这是很片面的理解，因为"双证书"只是对"双师型"教师的最低要求。有相当一部分大学会计专业毕业的学生在中职学校任会计教师，但这些教师的学历再高，也不能证明他们有较强的实践能力，只能证明他们从书本上学到了较多的理论知识。所以，中职学校中"双师型"的师资力量还很薄弱，既有足够的理论知识，又有纯粹的操作技能的"双师型"教师较少。因此，建设一支符合要求的企业兼职教师队伍是中职学校师资队伍建设的渠道，也是影响会计专业毕业生培养质量的关键因素之一。面对这种情况，部分中职学校采取了一些有针对性的措施，但仍需要继续前进。

四、教学评估体系有待完善

在教学内容方面，会计专业课程开设了不少，但是专业核心课与专业技能课界定不清，感觉是面面俱到，实则深度不够，每门课程都只涉及一些皮毛。在教学方法上，部分中职学校仍存在"重理论、轻实践，重政策、轻应用"的情况，课堂教学以理论讲授为主，注重政策的解读，而忽略了通过实践活动来提升学生的技能。教学内容和方法存在问题，导致教学评估体系有待完善，具体表现在以下两个方面。

（一）考核方法较单一

大部分测试考核的是学生应知应会的知识点，但对学习和实践过程的监督和评价较少，只在期中和期末进行结果性评价。

（二）评价学生的标准不够全面

一是重视知识，忽视能力。在部分中职学校中，"满堂灌"成为教学的主要手段，"死记硬背"被当作掌握知识的主要途径。二是忽视学生的个体差异。中职学校需要更深入地对学生进行分析，他们的学习能力、学习主动性和自律性都有所不同，因此应当进行多元教学评价（见图4-1），这样的评价体系不仅能调动学生的积极性和主动性，还能培养学生的创新能力。

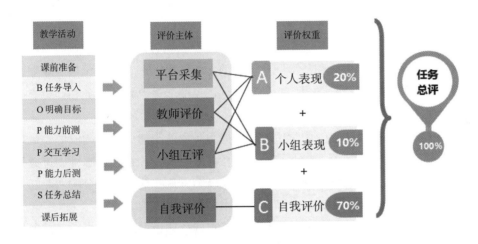

图4-1　多元教学评价

第三节　中职会计专业职业能力培养的重要性

针对上述与中职学校会计专业教育教学相关的问题，显然，要想培养社会需要的会计专业人才，不仅要培养学生专业所需的各类实践技能，还要培养学生的综合职业能力。综合职业能力包括专业能力、适应社会能力等内容，对中职学校的学生而言，综合职业能力的高低，不仅影响到其就业竞争力，更会对其将来的发展产生重大影响。

一、职业能力的定义

目前，我国还没有统一的职业能力的定义，但在不同阶段，各类专家学者对职业能力的定义提出了不同的看法。具有代表性的观点如下：我国学者陈宇认为，职业能力主要包括特定能力、一般能力和基本能力三个层次①。我国学者胡建波、汤伶俐指出，职业能力是专家在专业活动期间对其所有知识、经验、技能和态度进行加工和综合，使其能够完成特定任务并满足工作要求的能力②。

许多专家学者从不同角度阐述了职业能力的内涵。我国学者姜大源通过对德国"双元制"职业培训模式的详细研究，提出职业能力由就业能力和关键能力两个维度构成，具体包括专业能力、方法能力和社会能力③。

综合国内外文献对职业技能概念的分析，教育部在《关于全面推进素质教育深化中等职业教育教学改革的意见》中强调，职业能力是"综合职业能力"，是现代社会的人生存、生活和从事职业活动的主观前提。职业技能包括专业知识和技能、分析和解决问题的能力、接受和处理信息的能力、处理业务和社会交往的能力以及不断学习的能力。

综上所述，笔者认为中职学生的职业能力是由若干能力要素构成的。最重要的能力要素包括专业知识、专业技能、潜在的专业素质（情感、态度、道德和专业价值观）以及分析和解决问题等关键专业能力，这些能力是综合的专业能力，个人在执行具体的专业任务时，综合并应用多个能力要素。

中职学校会计专业以培养符合社会主义现代化建设要求的高素质劳动者和具有综合专业技能的合格技术人员为目标，为生产过程做出贡献。简言之，要求中职学校会计专业的学生掌握会计领域的基本专业理论知识和实践技能，以及适应不同职业的一般专业技能，概括为知识、技能、能力和其他能力要素（关键专业能力）。

因此，综合前面对职业能力概念的解释，在本书中，中职会计专业学生的职业能力不只是微观层面对专业知识和技能的理解，更是集知识、技能、素质于一体的全局能力，也是会计专业学生应具备的宏观性、全局性的专业能力。

二、职业能力培养的重要性

（一）企业发展特征的要求

不论哪个行业或组织，会计都在各个方面发挥着重要作用。

---

① 陈宇. 职业能力以及核心技能 [J]. 职业技术教育, 2003, 24（33）: 2-6.
② 胡建波, 汤伶俐. 职业能力的内涵与要素分析 [J]. 职教论坛, 2008（4）: 25-27.
③ 姜大源. 德国"双元制"职业教育再解读 [J]. 中国职业技术教育, 2013（33）: 5-14.

1. 内资企业

内资企业是对会计专业人员需求最大的部分，同时是会计专业学生就业的最大领域。尽管很多企业对会计人才的需求量很大，尤其是中小企业和民营企业，但这些企业往往没有很强的财务控制体系，所以待遇并不理想。

2. 外资企业

外资企业的财务管理制度和方法相对成熟。外资企业的待遇较好，提供的培训机会也很有吸引力。事实上，就业后培训不同于教师授课，它更贴近实际，适用性更强。外资企业效率高的原因之一是分工细致。然而，这种细致的分工也有其弊端，它导致会计人员只能掌握特定工作的某些方面的知识和技能。即使这些知识和技能是高度专业化的，也不利于会计人员的整个专业发展进程，因为这妨碍了他们获得全面的财务知识和经验。

3. 社会中介机构

社会中介机构主要是会计师事务所和审计事务所。审计事务所数量众多，情况复杂，其待遇也有很大差别，但仍有很多值得学习的地方。在小企业，由于人手不足，会计人员必须自始至终跟踪审计项目，包括与审计部门的沟通，以便更好地了解项目进程，充分发挥自己的能力。在大企业，会计人员可以提高自身的团队合作能力、对国际会计标准的应用能力、专业精神和奉献精神。

4. 银行等金融机构

在银行和其他金融机构中，个人对金融咨询服务的需求逐渐增加，并且社会投资渠道的增加和担保制度的改革必然会使金融咨询服务更加面向个人。

在上述四大就业领域中，大企业和外资企业由于规模大、工作复杂，往往对会计人员的理论知识、实践经验、专业判断能力和综合管理能力等有较高的要求。

为了取得竞争优势，中小企业通常需要具备一定会计理论知识和较强会计实务技能的会计人员来处理会计事务。另外，对很多中小企业来说，由于规模小、资金不足，很难支付高薪聘请高级会计人员，更愿意聘请初级会计人员。

因此，面对不同企业不同的需求方向，中职学校在培养会计专业人才时，要加强对学生综合业务能力的培养，这样才能使毕业生正确地进行会计职业活动。

（二）用人单位的要求

中职学校会计专业人才培养目标的制定需要行业和企业的共同参与，行业和企业的专业人才可以为学生提供生产一线的研发信息、最新的技术、与时俱进的理念。中职学校的教育方案和课程设置要定期听取建议和反馈，多方合作制定符合企业需求的人才培养目标，同时审视人才培养过程和教育教学质量，考试成绩代表企业对学校人才认可与否。中职学习阶段最重要的是培养学生的综合能力，如思维能力、实践能力、学习能力等，这些都是学生从事会计行业必须具备的。

会计专业学生不仅需要会计知识和技能，还必须是全能型人才，并且需要持续学习，及时更新会计知识，如经济学、税收、市场营销、法律、管理等学科知识，这样才能契合企业的要求。

（三）就业压力增大的要求

众所周知，我国中职学校的办学目标之一就是为中小企业培养和输送高素质的专业应用型人才。目前，企业对中职会计专业学生的一般专业技能要求不断提高，而部分学校缺乏这方面的教育，因此，近年来中职毕业生就业较难。与此同时，中小企业面临着"用工荒"，这是社会需求与中职会计专业学生综合职业素养不匹配造成的。由此可以得出结论，要想提高就业率，就必须全面提高会计专业学生的职业素养和实践能力。

与此同时，当前的会计工作重心已经发生了转移，随着大数据时代的到来，最初烦琐的会计程序已经被大大简化，甚至被互联网和人工智能所取代。现在，学生要想从事会计工作，必须具备扎实的实践经验和创新能力，必须能够敏锐、准确地评估和处理会计信息。在培养专业技能的过程中，最重要的是学生要主动应对社会和市场的需求，增强自身的综合能力。

三、职业能力培养方法

（一）确立职业能力培养目标

中职学生应掌握的职业能力既不是单一的能力，也不是互不相关的某几项能力，而是多项能力相互联系、相互影响的有机整体，是不同能力的"综合体"。因此，中职学校应确立正确的职业能力培养目标，为会计专业学生职业能力的提高打下坚实基础。

（二）坚持人文教育与职业能力培养相结合

人文教育一直是中职教育的薄弱环节，中职学校不仅要注重职业技能教育，更要注重对学生人文精神的培养，注重学生人文素养的提高，不能片面强调职业教育和职业技能教育，而应坚持人文教育与职业能力培养相结合。

（三）课堂学习与课外活动相融合

要想培养学生的综合职业能力，就必须使学生具备一定的理论知识，特别是广博的现代职业知识，以及不断更新和完善知识的能力。这些知识和能力的培养，仅靠课堂学习是很难实现的，只有与第二课堂学习、生产实习、社会实践等课外活动相结合才能实现，并能获得良好的效果。

第四节　我国中职会计专业学生职业核心能力培养的现状

本章的开头已经详细论述了社会对会计专业学生的要求，职业核心能力是企业要求会计专业学生必须具备的能力。要想培养学生的职业核心能力，应先找出中职学校会计专业在培养职业核心能力方面的不足，然后才能确定中职学校会计专业学生职业核心能力的培养目标。

一、我国教育体系中职业核心能力培养的主要问题

尽管我国许多学校都在努力推进对学生职业核心能力的培养，但在改革的过程中仍存在一定问题，具体包括以下几个方面。

（一）忽视对学生综合职业能力的培养

职业能力在学生发展中起到至关重要的作用，但是，目前我国一些学校还没有认识到其重要性，片面地认为学生只要掌握了扎实的职业技能，就一定能找到对口的工作。甚至部分教师和学生不理解综合职业能力的本质内涵，认为综合职业能力就是职业能力和技术能力。由于这种误解，部分学校忽视了对学生综合职业能力的培养。

（二）课程体系设计的针对性有待提高

一些中职学校已经认识到职业核心能力的培养对学生未来发展的重要性，但

是在课程体系设计方面的针对性仍有待提高。首先，我国中职学校对职业核心能力培养的研究不够深入，部分中职学校直接套用高职学校的课程体系来培养学生的职业核心能力，忽视了中职学生与高职学生之间的差异，培养效果不尽如人意。其次，部分课程没有考虑到学生的专业特点，课程设置与学生的专业不对口。最后，学生职业核心能力的培养方案相对单一，系统性有待提高，尚未构成相互联系、相互影响的整体。

（三）教师的职业核心能力有待提高

当前，中职学校教师的整体专业培训还存在不足。部分教师对中职学生的心理特点和职业教学方法不甚了解；部分教师制定的企业实践管理制度有待完善；部分职业学校在师资培训中注重理论、教学方法和职业教学技能的培训，忽视了对教师职业核心能力的培训[①]。

（四）缺乏社会多方合作体系

职业核心能力的培养是一项系统工程，需要学校、家庭、社会和其他利益相关者通力合作，不仅需要政府对职业核心能力培养的指导，还需要各级教育机构以及各种社会组织和个人的积极参与，最终构成一个多层次的合作体系[②]。我国目前还没有出台职业核心能力开发方面的法律法规，也没有建立专业的培训机构，这些方面都有待完善。由于缺乏职业核心能力开发方面的法律法规和培训机构，各行业、组织和个人对职业核心能力开发的重要性认识不足，缺乏主动性和合作意愿。

二、中职会计专业职业核心能力培养现状调查

为了探究学生对职业核心能力推广现状的看法、对职业核心能力推广途径的选择以及自身职业核心能力的培养程度，本书针对福建省中职学校会计专业学生进行了关于职业核心能力培养的调查，此次调查主要借助互联网形式在问卷星网站发放电子问卷。

本次共计发放 195 份问卷，回收 186 份问卷，总体回收率为 95.38%。受访者的男女比例几乎为 1∶3，大多数受访者为中职二年级学生。受访者的专业为会计，这与本书的研究主题相符。受访中职学生的基本情况如表 4-1 所示。

---

① 王慧. 从保险的角度论高职院校金融专业现存的问题与改革对策［J］. 时代金融，2014（33）：219.

② 侯江丽，赵飞，边颖. 高职院校能力本位的课程考核管理体系［J］. 教育与职业，2012（32）：37-38.

表 4-1 受访中职学生的基本情况

样本特征描述	区间	频次 / 次	频率 /%
性别	男	46	25
	女	140	75
年级	中职一年级	7	3.76
	中职二年级	138	74.19
	中职三年级	39	20.97
	已毕业	2	1.08
专业	会计专业	186	95.38

（一）中职会计专业学生综合职业能力培养课程设置状况

通过对部分中职会计专业学生就专业课程和教材安排满意度发放问卷，我们可以看出大部分学生对现有课程和教材安排不太满意，具体如图 4-2 所示。

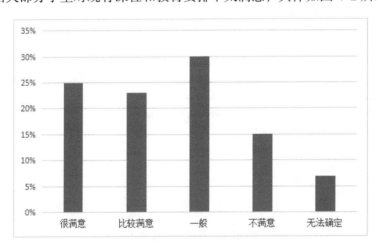

图 4-2 会计专业课程及教材安排满意度

根据问卷调查，学生反映出来的问题主要有以下几个：教学资源不足，为学生提供的实践实训资源较少、社会实践基地欠缺；没有或较少开设选修课程，个性化培养力度不够；教师的专业性有待提高；课程体系设计欠合理等（见图 4-3）。因此，有必要在课程设置时充分考虑学生的意见，增加实习实训机会，多开设选修课，培养"双师型"教师。

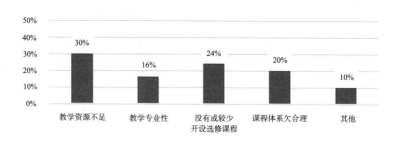

图 4-3　会计专业课程设置存在的问题

调查结果显示，大部分学生对现有课程该如何提高学生的职业核心能力提出了建议，具体如图 4-4 所示。26% 的学生认为应加强实践技能培养，这反映了学生对掌握技能操作的重视，与企业员工选择的实用技能一致。23% 的学生认为应提高综合素质与能力，这说明学生认识到职业核心能力的重要性，但也说明他们职业核心能力有些欠缺。16% 的学生认为应提高专业基础知识储备，还有 16% 的学生认为应更加重视对人际交往能力的培训。其余的学生认为应该扩充知识面、提高个人修养、增加社会经验等。据此，在设计职业核心能力培养体系时，应当重点关注实践能力、职业素养、沟通能力、专业知识拓展等方面。

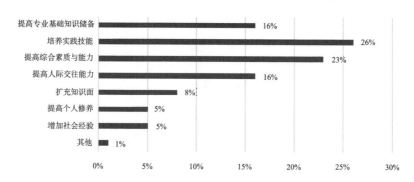

图 4-4　现代职业教育人才培养的方向

在职业核心能力培养方式上，学生也提出了他们认为有效的途径，如表 4-2 所示。调查总结出，学生认为职业核心能力中最重要的是实践能力，针对实践能力学生提出频率最高的三种方式为参加社会实践活动（如兼职、实习），参加竞赛以及参加社团、学生会、班级活动。

表4-2　职业核心能力培养方式

职业核心能力	出现频率第一	出现频率第二	出现频率第三
实践能力	参加社会实践活动（如兼职、实习）	参加竞赛	参加社团、学生会、班级活动
沟通能力	积极参加社团、学生会、班级活动	参加社会实践活动（如兼职、实习）	参加竞赛
信息收集与处理能力	课堂学习	参加各种各样的活动	参加社会实践活动（如兼职、实习）
心理承受能力	自我调节，培养乐观的生活态度	参加各种各样的活动	参加心理讲座
研究与创新能力	多参加科技活动或讲座	参加竞赛	课堂学习
问题解决能力	学校培养	参加社会实践活动（如兼职、实习）	参加各种各样的活动
专业表达能力	课堂学习	参加各种各样的活动	参加社会实践活动（如兼职、实习）

（二）中职会计专业学生职业核心能力自我评价

如图4-5所示，大部分学生对自己的职业核心能力水平有明确的评价，但有42%的学生对适应今后工作有较大的压力，有33%的学生对适应今后的工作缺乏信心。究其原因：一是学生的职业核心能力在学校没有得到很好的提升，学生认为自己的职业核心能力比较薄弱；二是学生认识到职业核心能力对未来工作的重要性，但自身水平不足，导致信心缺失。因此，有必要建立一套促进中职学生职业核心能力发展的制度。

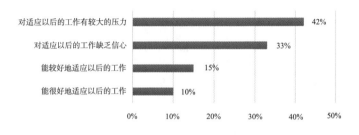

图4-5　职业核心能力水平

本问卷的最后一个问题是：您认为您在多大程度上掌握了以下职业核心能力？选项"1"表示"完全没有"，"2"表示"部分没有"，"3"表示"不知道"，"4"表示"部分掌握"，"5"表示"完全掌握"。这个问题的目的是了解学生如何评价自己掌握职业核心能力的情况。如图4-6所示，每项技能的得分差异都比较小。这表明，学生认为自己在职业核心能力的各种方面都掌握得一般，希望学校能够采取相应的措施来提高他们的职业核心能力，增强他们在劳动力市场上的竞争力。

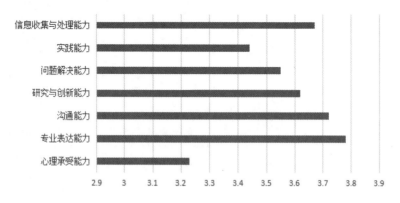

图 4-6　职业核心能力自我评价平均得分

第五章 产教融合下的中职会计专业教学模式改革思路

众所周知，中职学校会计专业的教育目标是培养适应社会经济发展需要的高素质会计人才，这就要求中职学校会计专业的教育教学以市场为导向，积极主动地根据社会经济发展对会计人才的新要求进行相应改革。中职学校只有坚持以市场为导向，在广泛开展市场调研的基础上，根据社会的需要调整教学内容，改革教学方法，采用产教融合机制下的教学模式，才能培养出"适销对路"的、受社会欢迎的高素质会计人才。因此，本章将介绍产教融合下的中职会计专业教学模式的构建，以保证产教融合下的会计专业教学模式顺利实施。

第一节 中职会计专业教学模式改革的准备工作

中职学校若想打造具有针对性、科学性、合理性、可实施性的教学模式，并且符合学校校情，应该先做好以下几个方面的准备工作，为学校教学模式的改革奠定基础。

一、明确教学模式改革的原则

为了切实提高会计专业人才培养的质量，中职学校在人才培养过程中应结合中职学生的特点、当地经济建设的需要，创新教学理念，调整培养目标，改革教学手段及方法，注重对学生实践能力和动手能力的培养，打破传统的以理论教学和教师讲授为主的授课方式，从会计专业的特点、中职学生对应的职业群要求出发，创新会计专业教学模式。

（一）坚持以学生为本

教学模式改革应坚持以学生为本，遵循学生的成长规律，根据学生的性格、兴趣、爱好，采用分层次教学，改变考核方式，根据学生的不同基础、不同个性展开教学，进一步提升学生的学习热情。

（二）坚持以加强学生的职业能力和素养为主线

根据当地经济建设和社会发展状况，以就业为导向调整培养目标，以加强学生职业能力为主，加大专业课程改革的力度，提高学生的就业率。在教学中始终渗透以爱岗敬业、诚实守信、廉洁自律、客观公正、坚持准则、提高技能、参与管理、强化服务为主要内容的会计职业道德教育，让学生成为具备良好的职业精神、健康的个性品质和较强的可持续发展能力的准职业人。

（三）坚持以市场需求为导向，定位培养目标

要想建立良好的会计专业教学模式，第一，要确定中职会计专业的培养目标。合适的培养目标是成功培养人才的前提。首先，职业院校的培养目标都是直接面向社会工作，是一种直接的对口培养，对学校培养水平最直观的评价就是提供工作岗位的相关企业。其次，中等职业教育则更注重实践，更注重学生的实际应用能力。由于职业教育的用户群体是劳动力市场，中职学校应根据社会发展的客观规律和就业的实际需求，推进职业教育的市场化发展。这要求中职学校更加注重学生的全面发展，打破传统的同质化教育理念，坚持以核心课程教学为基础的个性化发展理念，根据学生的个人兴趣和特长提供先进的教学，拓宽学生的思路，挖掘学生的潜能，使学生在未来的岗位上更具职业竞争力。第二，要注重理论与实践相结合。要将专业课程与实践教学有效结合，让学生能够将学到的理论应用于实践，有据可依，从而巩固学生的理论知识，强化学生的实践能力。第三，要注重对学生专业技能的培养。中职学校应当重视对学生道德的培养，不仅教授学生基础理论知识，更应培养学生良好的职业道德。职业道德是职业灵魂的一部分，有助于推动行业持续健康发展。

二、产教融合下企业主体的选择

在会计人才培养校企一体化的框架下，合作企业作为人才培养工作的主体之一，对促进学校的合作意愿和提升人才培养实施能力起着重要的作用。合作企业应当具备培训能力，拥有培训师资、管理团队，并且在学生生活和就业方面都符

合条件。由于校企一体化人才培养机制具有两个教育环境和两个教育主体，中职学校在选择合作单位时，必须十分明确教育主体和教育环境。

学校在选择合作企业时，应该看这个企业是否具备学生实训的场所、企业导师的素质、学生培训的方案与计划、企业的管理特点和企业文化，从而使学生在实践中掌握相关知识，不断提高和发展专业技能。与此同时，学校还应根据合作企业的财务状况、合作意愿、工作安排以及每年的淡旺季等因素，为学生的实习提供便利。

三、教学模式构思

产教融合以市场需求和社会需求为基础，以共同培养人才为目的，创造职业学校与企业"双赢"的局面，是新时期职业教育改革的必然趋势。会计人才培养应注重校企深度合作，以实用性、适用性为会计人才培养目标，与教育体制改革、课程规划、教材创新等相结合。在产教融合过程中，还应注意以下三个方面。

（一）增强课程教学内容的实践性

中职教育必须以工作和社会需求为导向，这意味着必须具有实用性。一是教材必须以最新的会计准则为基础。此外，教材内容必须以工作为导向，并采用模块化设计方式。如果每个学校的生源不同，而市场上又没有合适的教材，学校的专业教师可以与企业导师合作编写教材，将课程中难度较大但与实践关系不大的内容删除，提供给学生学习和参考。二是在同一门理论课程中，理论课由学校教师讲授，实践课由企业教师讲授。在实践课上，有必要为学生提供更接近实际工作的情境。譬如，可以向学生播放真实工作场所的操作录像，帮助学生了解工作流程和现场环境，然后要求学生在此基础上开展实践活动。

（二）依托企业资源组建"双师型"教师团队

传统的师资培养体系难以培养出充足的"双师型"教师。因此，学校需要借助企业资源建立"双师"教学体系，并逐步培养"双师型"教师。"双师"教学体系是指学校的教师和企业的"师傅"分别负责理论和实践教学。在这种教学体系下，教师可以专注于理论教学，学生也能达到行业标准。标准化是现代经济体系的基本特征。标准化提高了各环节的协调效率，规范了评价标准。企业"师傅"可以对学生的实践工作进行专业指导，帮助他们提高实践能力。

通过"双师"教学体系，学生可以接受更全面的教育。与此同时，学校应当利用企业资源，有序培养"双师型"教学人才。譬如，学校可以要求新教师到企业进行为期一年的带薪培训，并在培训结束后对教师的应用能力进行考核。这一方式既能提高青年教师的实践能力，又能平衡他们的知识结构。或是利用寒暑假，派专业教师到企业参加短期培训，这一方式可以使教师熟悉应用领域的前沿技术。

第二节 中职会计专业教学模式的构建思路

中职学校会计教育应在学习国内外会计专业改革先进经验的基础上，不断适应市场变化，整合现有的人才培养模式，在培养目标、师资队伍、课程体系和实践等环节着手，构建企业、学校、教师"三位一体"会计专业产教融合模式，这是解决中职教育会计专业人才培养问题，适应社会对高素质人才需求的根本。在构建产教融合教学模式时，首先要确定人才培养目标和教学课程体系、强化教学实践环节，这样才能使教学过程有条不紊地进行。

一、确定人才培养目标

在知识经济时代，随着社会经济形式的发展，会计人才由以前单纯的企业簿记人员、财务信息的制造者转变为企业内部和外部信息的使用者、各类财务信息服务的提供者，对于经济社会的发展至关重要。但由于现阶段中职人才培养目标定位模糊，现行的中职会计课程体系无法完全、准确地适应社会需求的多样性和多变性，导致人才培养与最新的先进技术和行业现实存在一定程度的脱节，所培养的人才不适应岗位和经济发展要求。毫无疑问，中职学校会计教育改革必须抓住中职教育的本质和会计行业的特点，准确定位中职会计人才培养的目标。

（一）立足市场与行业导向

职业性和服务社会是中职学校的根本性质和使命。服务社会，就要紧贴经济社会的发展。知识经济时代对会计专业人才的需求不断变化，中职学校要想使培养的会计专业人才得到社会的认可，必须时刻把握市场需求的特征及其变化，在此基础上设置相应的教学课程体系和采取相应的教学过程。

随着各行业业务领域的专业化、交叉化以及互联网经营、连锁、集团化管理等经济模式的出现，会计岗位群的业务也在不断变化，会计业务逐渐变得信息化与社会化。会计职业工作性质也将出现新的趋势：一是会计知识集成化，会计业务呈现多岗位特点，只掌握单一会计岗位和基本会计实务等知识已无法胜任新经济模式下的会计工作；二是会计职业社会化，职业化的会计师事务所将各种岗位的会计专业人员集中起来，能够增强财会工作的客观性、公正性、透明性，提高企业的运营效率；三是会计业务多样化，多种经营模式并存，企业对外业务种类不断变化，会计人员需要应对和处理的业务也处在不断变化中，这需要会计从业人员能够根据会计知识以及相关法律规定去解决相关问题。

随着社会需求的不断变化，中职会计专业人才培养目标应根据会计行业特点及其职业岗位需求的变化来确定，立足市场和会计行业需求，把握会计职业化标准和内涵，主动适应现代企业经营管理和经济社会发展对会计人才的客观要求。

（二）准确定位人才培养目标

根据近年来的会计专业毕业生就业状况和会计人才市场分析，我们可以将中职学校会计专业人才培养目标确定为：坚持立德树人，面向中小企业和会计服务机构，培养从事出纳、会计核算及财经相关服务工作，德、智、体、美、劳全面发展的高素质劳动者和技能型人才。据此，中职学校会计专业人才培养目标主要包括以下几个：一是，主要为中小企业和会计服务机构培养会计人才；二是，使学生能够掌握最新的财经知识和服务，提高综合素质。与高职学校相比，中职学校会计专业人才培养目标更侧重于服务目标。

根据这些培养目标，会计专业学生应具备以下素质。

第一，必须具备良好的人际交往和团队合作精神，树立正确的世界观、人生观和价值观，提高思想政治素质和科学文化素养。

第二，掌握必要的公共文化基础知识，为专业知识的学习和职业技能的培养奠定基础，满足自身职业生涯发展的需要，促进终身学习。

第三，能依照相关法律规定进行会计日常经济业务的核算、纳税申报和缴纳，熟练操作会计电算化设备及会计核算系统软件等。

二、确定教学课程体系

（一）构建符合职业化素质培养的课程体系

中职学校必须注重提升学生的专业技能和职业素养。中职学校的课程设置应从企业的实际需求出发，从企业的角度开发会计专业的课程。中职学校要与合作企业相结合，全面深入地了解会计专业领域的特点和企业的实际需求，把培养学生的专业技能作为课程体系的主线，把产教融合作为支撑，开发符合会计专业领域专业技能培养的课程体系，注重培养学生的职业基础能力、专业能力和沟通协调能力。

（二）编制体现会计职业活动内在逻辑的教材

中职学校的会计教育内容必须按照会计职业活动的内在逻辑来排序。因此，中职学校必须通过产教融合，开发与实际需求相适应的特色教材，将企业实践中的真实案例引入教材，通过教师的详细讲解和邀请企业专家开展讲座，尽可能地满足学生和企业的需求，实现人才培养的目标。

三、强化教学实践环节

经济社会发展所需要的会计人才，不仅要具备扎实的会计基础理论知识、过硬的专业技能和良好的网络技术，还要具备优秀的职业道德、职业素质和准确的职业判断能力。这些要素与综合实践能力的培养密不可分。实践教学是职业教育的重要组成部分，是培养理论联系实际能力的主要环节，也是实现课程目标的重要手段。完善中职学校会计专业实践教学课程体系，主要从以下几个方面入手。

（一）完善实践教学体系

实践教学是一个以学习、训练和应用技能为主的教育过程，其目的是使学生掌握某一学科的知识和培养扎实的实践技能。知识的掌握和技能的形成是循序渐进的，实践教学的组织也是系统联系、相互促进的，因此有必要在教育的各个阶段引入实践教学的理念，建立一个完整的、系统的会计实践教学体系。这一体系应包括案例研究、实训实习、模拟实习、生产流程实习、校外实习（包括认识实习、跟岗实习和顶岗实习）等实践教学方法。

在这种情况下，案例研究是对理论教学的补充，也是学生接触的第一个实践教育环节；实训实习是对学生验证性实习的巩固，也是学生实践培训的开始；模拟实习是强化实训，能够使学生学会综合运用会计方法和技能；生产流程实习能够使学生充分认识会计专业的主要业务流程，为理解和运用成本核算方法奠定基础；校外实习是将知识应用于实际工作的实践性教学环节。以上教学环节的实施，可以强化学生的各种实践技能和能力，使实践教学过程更加系统、全面。

（二）加强校企合作

专业实践在企业环境中具有无与伦比的重要性，这意味着中职学校要与企业合作，培养具有实际会计技能的人才。在校企合作中，需要以企业的价值观为依托，以国家的政策为支持，以互利合作为原则，以商业价值为基础，以公共政策为支撑。确保企业从合作中受益是校企合作可持续发展的关键，中职学校应充分发挥自身的人才优势，尽可能地解决会计、财务乃至管理等方面的问题，为企业的经营管理出谋划策，帮助企业提高创新能力，培育新的经济增长点。实现校企合作的主要方式是建立实习基地。实习基地能够使学生通过认识实习、社会调查、毕业实习等实践教学环节，提高实践能力。

（三）打造具有实践教学能力的师资队伍

中职学校可以通过以下方式打造一支具有扎实理论基础、丰富实践经验和较强教学技能的教师队伍。

1. 内部自我提升

中职学校可以借助当前的教学资源与教学条件，加强会计教师队伍的实践训练，提升教师的实践教学能力；鼓励会计专业教师考取注册会计师、注册税务师、会计师等相关的会计职（执）业证书；根据实际情况安排教师，特别是实践能力有待提高的青年教师不定期到企业实践锻炼，提高他们的实践能力与处理问题能力；及时了解企业会计业务要求的最新动向。

2. 外部力量支援

中职学校可以外聘部分在企业中有丰富实践经验的会计工作者担任学校的兼职实践教师，或者选聘一些经验丰富的中高级会计人才作为客座教授，让他们参与会计实践教学，直接给学生传授会计实践知识。

总而言之，旧有的教育模式已然不能适应当前的社会发展。产教融合为实践提供了良好的平台，加强了学生学习会计知识的意愿。校企双方的教育既满足了创新教育的需要，又能为学生今后的就业打下良好的基础，全面提高学生的能力和素质。

产教融合下会计专业教学模式的构建是一个重要的话题。各中职学校在构建教学模式时，首先应该有由企业、专家和学校教师组成专门的研究团队，由他们构建产教融合下会计专业教学模式的基本运作思路。这样一来可以保证教学模式制定的科学性、综合性，二来可以促进不同岗位的工作者加深对会计专业信息的了解，有助于会计专业知识和技能的普及和传播。

第三节　产教融合下中职会计专业教学模式目标的构建

随着社会经济的不断发展，中职学校会计专业在学习国内外会计专业改革先进经验的基础上，应不断适应市场变化，调整现有人才培养模式，贯彻"价值塑造、能力培养、知识传授"三位一体的育人理念，适应社会对高素质人才的需求。

教学目标是教学方法的核心，是教学活动的出发点和目的。教学方法的改革必须以实现学习目标为导向。中职学校的教学目标不仅体现在知识和技能上，更重要的是体现在工作手段、专业技能、职业精神、专业素质和道德品质上。教学目标是教学模式的重要组成部分，对其他因素具有制约作用。

一、会计专业教学模式目标构建的指导思想

指导思想是教学模式科学有效的根本保障。针对我国中职学校产教融合机制下会计专业教学模式的构建，其指导思想主要体现在以下几个方面。

（一）贯彻国家的教育指导方针

中职学校必须坚持以马克思列宁主义、毛泽东思想、邓小平理论、"三个代表"重要思想、科学发展观、习近平新时代中国特色社会主义思想等为指导，结合企业对会计专业人才的需求、专业特点和中职学校自身的优势，并在企业全面参与下，培养出适应当前经济发展需要、企业岗位需求，并且掌握丰富的专业知识和技术、岗位适应能力较强的高素质、全面发展的会计专业人才。

（二）建立理论联系实际的教学体系

中职教育具有很强的职业导向性，也就是说，它明确反映了直接为产品生产和社会服务的特点，主要侧重于培养企业所需的人才。因此，必须加强理论知识与实践技能相结合的课程体系建设，大力提升学生的实践能力。这种理论教学与实践技能相结合的教育方法，改变了传统的理论与实践技能相分离的局面，解决了专业理论与专业技能双重教学的问题。将专业理论与实践技能紧密联系起来，强化专业理论的主体地位，以技能教学为主抓手，着力培养学生的实践能力，从

而提高学生学习理论的兴趣，促进学生对理论的理解。与此同时，也丰富了课堂教学和实践教学的内容，进一步优化了教学质量。

（三）从传统教育思想向现代教育思想转变

中职学校要想使培养的会计专业学生能够最大限度地满足社会的需求，应该转变传统的专业教育思想，树立现代的素质教育思想。传统的专业教育思想以专业对口作为人才培养的目标，忽视对学生思想道德素质、人文素质、心理素质和身体素质等方面的培养，因而培养出来的人才在道德素质和心理素质等方面有所欠缺，文化素养和艺术修养有待提高。因此有必要将综合能力作为中等职业教育与培训的核心，并创建一种鼓励提高学生创新能力的现代教育理念。

（四）符合我国经济发展的特点

对产教融合下会计专业学生的教学模式进行目标构建时，应该体现国家对中职会计专业人才培养质量的基本要求，并适应我国企业对会计专业人才的基本需求。除此之外，还要保证教学模式的目标能够体现在教学过程中，并能够突出会计专业的特色，同时在学生综合能力的培养上突出中职学校作为人才培养基地的优势。这样才能保证企业参与下的中职会计专业人才培养发挥最大的作用，培养符合时代发展要求和企业发展需要的高技能、高素质的会计专业人才。

二、会计专业教学模式目标构建的依据

从教育目标到教学目标，存在着一种结构性的转换。教育目标可以借助课程设置、教材编写、教学组织、实践训练、活动开展等途径实现；教学目标只能借助教学组织来实现。必须指出，会计专业的教学目标与教育目标是相关且一致的，而且只有实现教学目标才能保证教育目标的实现。

从教学论的角度看，任何学科的教学都是教师教、学生学的一种活动。学生总是学习的主体，而教师是为学生的学习服务的。教学教学，教学生学。教师的教实际上是一种服务，这种服务既包括介绍与引导，也包括训练与扶持，还包括评价与纠错，其核心总是指向学生的学习的。本部分探讨的会计专业教学模式的基本目标，是从会计专业教师的角度入手的，目的在于帮助会计专业教师明确自己所开展的教学活动的目标，但是这个目标从何而来，则是由学生的学习决定的。所以，学生学习会计课程的目标便成为我们分析会计教学目标的依据。

会计是一项技术性很强的管理活动，涉及许多专门方法和各种准则，而这些方法与准则又是随着经济生活的发展而不断发展的。这说明会计职业必须具备

的专业技能并不是一成不变的，从事会计工作的人员必须不断地学习新知识、掌握新方法，才能在新环境中立足，才能跟上经济发展的步伐。如果从事会计工作的人员墨守成规，只会机械地进行传统会计的确认、计量、记录、报告等工作，那么在面对新环境时，其就会不知所措，甚至犯下不可挽回的错误。因此，对会计人员而言，必须具备不断适应经济变化的能力。那么，作为培养会计人才的会计教学，自然也应该将培养这种适应能力看成基本的目标。因此，经济不断发展的现状、经济法规逐渐完善的现实，也就自然而然成为我们确定会计教学目标的依据。

会计工作既是一种人与财务数字打交道的交流活动，也是一种人与人打交道的交流活动。与人打交道，会计工作便有了一定的人文色彩。而且从事会计工作的人员本身也是一个可变因素，其道德、心灵、人格的修养也具有明显的人文色彩。能否与相关部门的人员互相协作，实现良性互动；能否与其他同事融洽相处，共同完成任务，也是会计人员综合素养的具体表现。因此，从人际交往的角度来考察个人的发展，也应该成为我们确立会计教学目标的依据。

三、会计专业教学模式目标构建的基本原则

就我国中职会计专业的教学现状来看，需要结合国情和社会发展需要，在借鉴国外成功的教学模式的基础上，对我国的会计专业教学模式进行改革。因此，许多中职学校会计专业主动制定企业参与下的教学模式构建目标。为了保证这一目标的准确性和可实用性，应该坚持以下几个原则。

（一）主动适应地方经济发展需要原则

经济越发展，会计越重要。随着我国经济的快速发展，社会对会计人才的需求日益提高。据国家有关部门对未来 5 年人才需求的预测，在今后我国最需要的12 类人才中，会计排在第一位。然而，从目前中职学校会计专业毕业生的就业情况来看却并不理想。据统计，除一些重点学校外，一般学校的会计专业毕业生就业率仅为 60% ～ 80%。可见，目前在会计人才市场上存在着需求与供给的矛盾。笔者认为，导致这个矛盾的原因是多方面的，但中职学校人才培养与社会需求脱节是根本原因。譬如，现在用人单位招聘会计人员时一般要求有会计工作经验、熟练掌握财务软件等，而中职学校会计专业的学生在这些方面有待提高，这就直接影响了会计专业毕业生的就业。因此，在构建教学模式目标时，为了保证目标的针对性，必须使其符合社会经济发展需要。

要想使构建目标符合这一原则，中职学校应该首先与合作企业进行广泛的社会调查，注重研究社会经济发展过程中出现的新形势以及社会经济发展呈现的特点，还要注重对社会经济发展趋势以及会计专业所需知识和技术发展趋势的观察，然后结合企业情况和中职学校特点，构建具有鲜明时代特征的目标。与此同时，中职学校还要遵循会计专业的教学规律，在构建目标的过程中妥善处理教学模式构建目标与企业之间的关系以及其与学生之间的适应性关系。

（二）突出实用性和针对性原则

教学模式是教学理论与教学实践相结合的产物。教学模式不是一个简单的公式，而是一个相对复杂的系统，是由教学理念、教学目标、教学程序、师生角色、教学策略和教学评价等组成的体系。它更接近教学实践，而不仅是教学理论，教师可以根据教学目标、教学内容和教学条件对其加以运用。在职业教育中，实践性是教学方法的基本特征。一方面，教师运用教学方法，特别是教学方法的结构来组织教学过程，设计恰当的教学环节，教学实践就比较容易。另一方面，职业教育的大部分教学内容都是通过教学实践来实现的，教师可以通过教学实践来综合教学内容的工作过程和教学方法的各种联系。

（三）贯彻产学结合思想的原则

产学结合是当今企业参与下中职学校培养会计专业人才的基本途径，这种教学模式能满足社会对会计专业人才的要求，能够在会计专业人才的培养过程中做到理论与实践有机结合。与此同时，在对学生进行产学结合的教学时，要让企业充分地参与到教学实施步骤的确定过程中，并根据企业与市场对会计专业人才的需求和市场经济的发展形势，制订会计专业学生的培养计划。

企业参与下会计专业教学的目的主要是培养时代所需的优秀人才，这也决定了教学是培养专业人才的根本途径。因此，在进行会计专业教学模式目标的构建时，要保证教学的过程符合教学的一般规律，这样才能真正做到产学结合。中职学校应整合企业和本校的资源，努力培养具有岗位针对性的会计专业人才，保证会计专业人才培养的质量。

（四）坚持因材施教、注意个性发展的原则

中职学校的根本目的是培养出时代所需的人才，因此在这场教育改革中，学生是教育活动的主体。同时，在学生这个庞大的集体中，每一个学生都有自身的特点与个性，为了保证企业参与下的教学模式目标能够适合本校每一个会计专业

学生，构建目标时应该坚持因材施教、注意学生个性发展。在制定企业参与下中职学校会计专业教学模式目标的过程中，要坚持以学生为中心，在教学过程中保证其共性和个性的协调发展。整合一切有利于学生能力培养的资源，努力为学生营造良好的学习和生活环境，培养学生学习的积极性，使学生能够主动参与到教学活动中，保证学生学习质量的提高。

（五）坚持特色发展原则

当前，我国大多数中职学校开设了会计专业，各学校之间竞争异常激烈。如何在激烈的竞争中脱颖而出并实现科学发展，是摆在各学校面前的一个重要课题。

纵观我国中职学校会计专业的建设现状，存在的一个突出问题是在培养目标上存在同质化现象，不同层次的中职学校的培养目标大同小异，几乎都是培养"会计专门人才"。这反映出各学校对会计人才的培养缺乏深入的思考和合理的市场定位。不同层次的人才之间界限不清，导致会计教育界培养的人才与会计职业界的要求脱节，学生就业状况不理想。

虽然各行各业都需要会计人员，但不同行业对会计人员的需求是不一样的。快速发展的外资、民营企业需要大量的专业化、责任心强的应用型会计人才；经济全球化使跨国企业急需一批通晓国际会计准则的高素质会计人才。然而，不同层次的中职学校在制定培养目标时缺乏应有的市场针对性，导致其就业导向不明确。同时，不同层次的学校在教师队伍、科研水平、办学条件等方面存在差异，这就需要各学校根据学生的生源质量和综合素质制定不同的培养目标。然而，各学校在制定培养目标时，大多只重视学校的整体定位，忽视了专业自身的定位和条件，从而出现会计专业培养目标同质化的现象，导致培养的会计人才缺乏优势，就业竞争力不强。

因此，一所中职学校的会计专业要想有很好的发展，必须根据本校的教学资源、办学实力等实际情况，制定适当的人才培养目标、教学模式目标。学校应通过教育教学改革，创造出自己的特色，实现差异化发展。譬如，中职学校与企业、科研院所联合培养会计人才的"开放式"办学特色；中职学校与国际会计教育培训机构合作培养会计人才的"国际化"办学特色；等等。总之，中职学校会计专业的教育教学改革只有坚持走特色之路，才能实现健康发展。

当然，我们还应该坚持从实际出发。无论哪种教学模式，都是保证教学顺利进行的基础和载体，因此在构建教学模式的目标时，要从学生、学校和企业三方的实际出发，根据三方的特点进行分析，探索出在企业参与下的多样化、符合教学发展规律并且与实际紧密结合的人才培养模式，这样才能使会计专业人才培养突出本校的教学特色。

四、实现会计专业教学模式目标的方法

要想实现中职学校会计专业教学模式的目标，就必须保证教学模式的目标与教学内容和标准保持一致，还要保证其符合会计专业的教学实际，这是在对中职学校会计专业学生进行教学时不可回避的问题。笔者通过对国内外企业参与下中职学校教学的探索与实践，认为通过以下方法能够实现合理的教学模式目标。

（一）反复研读、理解课程标准

产教融合下中职学校会计专业教学模式的主要目的是适应社会发展的需要，培养岗位适用性较强的专业人才。而反复研读、理解课程标准是指中职学校在构建企业参与下的教学模式目标时，要对国家规定的中职学校会计专业的课程标准、相关专业的教学要求以及本专业的教材内容进行反复研读和揣摩，这样才能对国家规定的会计专业课程标准有全面、深入的了解。

这就要求中职学校会计专业教师和参与教学的企业在认真研读课程标准和社会岗位需求的基础上，全面、深刻地领会课程标准蕴含的精神和理念，明白课程标准对会计专业教学的基本要求，了解教学过程中涉及的相关因素之间的关系，这样可以提升教师对会计专业教学的认识。但是，仅仅依靠全面、深入地理解会计专业课程标准，是远远不能实现教学目标的，还需要会计专业教师、企业管理人员与工作人员以及学生共同参与，在认真研究课程标准的基础上，对课程内容进行深入、细致的解剖。

（二）找出中职学校会计专业课程标准中的关键词，并将这些关键词进行分类

会计专业教师和企业参与会计专业学生培训的相关人员应在反复研读课程标准和认真分析岗位对会计专业学生要求的基础上，从课程标准中找出关键词，并对其进行分类。比如，在会计专业课程标准中常常出现一些诸如"掌握""了解""精通"的词汇，这些词汇所描述的实际上就是会计专业学生对所需知识和技能的掌握程度。这样有利于教师和企业有关人员掌握课程基本内容，培养出符合课程标准和社会经济发展需求的会计专业人才。

（三）依据关键词推敲出教学过程中的内容指标、学生需要达到的水平和具体要求

通过对教学内容的研读和推敲，中职学校会计专业教师和企业相关人员能够掌握课程标准，明确教学过程中的内容指标和学生所需要达到的水平，这样有利于中职学校教师和企业相关人员按照规定确定教学模式，有针对性地培养会计专业人才。同时，有助于学生掌握课程标准要求的内容，保证了企业参与下的教学模式的科学有效性。

（四）确定内容标准之间的关系

找出会计专业课程标准中的关键词后，根据这些关键词推敲出内容指标、学生需要达到的水平和具体要求，然后确定会计专业内容标准之间的关系。

会计专业教师首先要对课程标准、教学要求和内容进行反复研究；其次要对教学过程中涉及的课程标准和教学内容进行认真揣摩、反复实践；最后才能真正理解和掌握会计专业对学生的教学要求，从而把握会计专业的课程标准，最终为社会培养其所需的专业人才。

（五）结合会计专业教学发展实际，分解教学标准

所谓的"结合会计专业教学发展实际，分解教学标准"，是指会计专业教师和企业培训人员在对学生进行教学时，首先应该以理解会计专业教学标准为基础，其次分析本校会计专业学生的特点和教学实际，最后遵循教学规律，将内容标准进行具体细分，使其形成一对一、一对多、多对一的教学内容，并将它们与相应的目标联系起来。其中，一对一实际上就是一条教学内容和教学标准对应一个目标；一对多是指一条教学内容对应多个教学目标；多对一是指一个教学目标需要许多教学标准和教学内容相互协助才能完成。由以上教学内容、教学标准与教学模式目标之间的关系可知，分解内容标准有以下几个策略。

1. 对教学内容和教学标准的沿用策略

当教学模式目标与教学内容和教学标准形成一对一的关系时，可以直接将这些较为明确的、具体的会计专业教学内容和教学标准作为企业参与下中职会计专业教学模式目标。这种将教学内容和教学标准作为教学模式目标的方式，一方面能够提高教师和学生对这一教学内容的掌握程度；另一方面能增强教学目标的影响力，促进教学目标顺利实现。

2. 教学目标的替代策略

这种替代策略主要用于一对一的教学关系，主要是在会计专业教学标准和教学内容的要求下，挑选出关键词，并将其作为教学模式目标。这样一方面能使教师在教学之前对教学标准进行详细解读，保证教学活动顺利开展；另一方面能使教学模式目标的制定更贴近教学实际，使教师在教学过程中更加重视所规定的教学内容和教学标准，从而促进教学目标的实现。

3. 对教学标准和教学内容进行拆解的教学策略

这种拆解策略主要用于一对多的关系。在企业参与会计专业学生的教学中，将某一个较为笼统的教学内容或教学标准拆解成几个细小的但彼此之间有着强烈内在联系的板块，以此作为会计专业教学过程中的内在教学目标。其基本拆解方法是，对于教学过程中涉及的经管类专业知识或技能标准，可根据要求中学生需要达到的学习水平和教学要求进行分解。分解之后较为细化的教学目标可以分散安排到教学活动之中，形成严谨的企业参与下会计专业的教学目标①。

（六）目标组合，有序安排

所谓"目标组合，有序安排"，指的就是将社会对会计专业学生的知识和技能需求、未来发展要求以及市场经济的发展趋势，定义为现代社会对会计专业学生的教学要求。按照这些要求之间的关联性将其分解成若干个目标，由会计专业教师或者企业的技能教师认真研究、分析这些目标之间的关系之后，将其按照一定的顺序、联系以及难易程度进行合理组合，并将组合的产物科学地安排到企业参与下中职会计专业学生的教学过程中，主要包括学校教学和企业教学。

为了保证利用这种方式进行组合的企业参与下会计专业教学模式目标具有针对性，必须使这种组合方式建立在充分了解学生的发展水平以及明确各教学目标之间关系的基础上，并以教材内容、中职教师以及企业经管类各部门技术骨干的教学和技术经验为条件，把握企业参与下教学模式目标构建的过程。由于在对会计专业学生进行教学时，中职学校主要负责理论知识部分的传授，且其传授的理论知识具有较强的针对性，而学生专业技能方面的培养主要由企业负责，因此实现会计专业学生培养目标主要有两个载体，即中职学校与企业。而其他一切目标的达成主要是为了让学生获得专业操作技能和专业能力，因此目标的组合和安排应该紧紧围绕提高学生的专业技能方面。

---

① 梁英瑜. 经管类专业平台课"经济法"课程体系的构建［J］. 中国集体经济，2014（33）：141-142.

第一，组合企业参与下会计专业教学模式的目标时，应该先以提高学生的实际岗位操作技能目标为中心，然后对与此目标有关联的其他小目标进行筛选，并将它们按照技能之间的关系进行科学有序的安排。

第二，认真分析会计专业学生的技能目标，根据技能目标要求的教学功能和当前会计专业学生的实际，对其他方面的教学目标按照一定的关系或特点进行有序的安排和组合。

第三，经过以上两个组合教学目标的步骤之后，根据这些教学目标的特点和教学实际的需求，将组合后的目标按照它们之间的层次关系将其安排到相应的教学步骤之中，以便学校和企业在教学过程中应用[①]。

在组合和有序安排教学目标的过程中，中职学校会计专业教师和企业参与教学环节的人员需要注意教学模式目标的全面性，即构建的教学目标要符合社会经济发展趋势和岗位对经管类专业的基本要求，而且要围绕着企业参与下会计专业教学模式的总目标，以保证学生的全面发展和技能的提高。同时，在构建目标时，应该注意教学模式涉及的能力培养层次关系不能颠倒。企业参与下教学模式构建的目标要适度，符合会计专业教学的实际和学生的发展特点，以便全面达成目标。

（七）立足教学，正确地陈述

在教学过程中，将目标进行细化有利于学生对目标和教学内容的理解、具有针对性的课程的开展以及目标的实现，所以在构建企业参与下中职学校会计专业教学模式目标时也应该如此。在构建教学模式目标的过程中，应将课程目标分解成几个具有教学实际针对性的目标，并对其进行并列分述。这种并列分述的教学模式构建的目标，一方面有利于教师和企业参与教学的工作者安排自己的教学进程，另一方面有利于他们对单元目标等进行划分。

但是这种企业参与下教学模式构建目标的方法不利于发挥教学目标的实际功能，容易造成重视局部而轻视整体的情况。例如，对学生进行内容测评时，在企业参与下教学模式目标构建的影响下，仅仅只对企业所需的会计专业岗位技能进行了测评，忽视了对学生整体素质的测评。因此，在构建企业参与下的教学模式目标时，应该立足于学校和企业的实际以及学校、企业和学生三方的特点进行合理整合，这样才能保证构建的目标具有合理性和有效性。

总之，企业参与下会计专业教学模式目标的构建，首先要保证构建的目标既和教学标准保持一致，又符合当今社会对会计专业学生的要求。这一切的保障需

---

① 史君英.《企业财务基础》课程建设与改革研究［J］.财会通讯，2014（31）：51-53.

要建立在教师和企业参与培训的人员全面理解课程标准的基础上，然后结合学校和企业的教学资源和教学实际，采取合理、有效的方法分解课程标准和教学目标，并将分解后的教学目标通过科学的方法呈现在教学活动之中。

只有这样，企业参与下的会计专业教学才能充分发挥其教、学、做一体的功能，保证在教学过程中坚持理论与实际相结合的原则，有效地促进会计专业学生水平的全面提高，以及教学目标的顺利实现。

第六章　产教融合下的中职会计专业课程设置

会计专业课程设置和教材开发是否合理，在一定程度上影响到会计人才培养质量的高低，影响到人才的创新能力、逻辑思维能力等能否得到充分发挥，最终影响到会计教学目标的实现。会计专业教师应该研究会计专业课程体系的设置，了解每门课程在本专业课程体系中的地位、各门课程之间在逻辑上的关系、本学科与一些邻近学科之间的关系等。只有这样，才能从整体上把握所教授的会计专业课程的核心，从而实施最优的教学方案。

第一节　我国中职会计专业课程教学的现状

一、中职会计专业课程教学现状及归因

（一）中职会计专业课程教学现状

1. 课堂教学没有突出学生的主体地位

会计专业课程理论涉及面广，技能操作多，在以教师为主体、以书本为中心、以讲授为主的教学中，教师是课堂的主宰，领着学生去学。长此以往，学生一旦习惯了被动地学习，容易成为思维上的懒惰者。显然，这种以教师为主体的教学方式无法调动学生的学习积极性和主动性，忽视了学生的学习需求，难以激发学生的活力和学习兴趣，难以提高学习目标达成度。学生始终处于被动接受知识的地位，参与教学互动少，这样将不利于学生的潜能开发和身心发展。

2.课堂教学没有重视学生学习探究的过程

在会计专业课程教学中，部分教师只重视会计核算结果正确与否，缺乏对学生学习过程的指导，导致学生对问题缺乏思考，无法准确地做出专业的判断；同时有部分教师为了追求课程进度，有意无意地忽视了学生对新知识学习的思维过程，导致学生对会计基础理论仅知道"是什么"，而不知道"为什么"等这种一知半解、似懂非懂的结果；有的教师喜欢直接告诉学生会计制度法规，并要求学生马上应用，再去解答各种变式的经济业务，加重了学生的学习负担，导致学生出现"消化不良"的情况，种种做法明显降低了学生的专业学习质量。

3.课堂教学忽视对学生职业能力的培养

会计专业课程教学内容与企业实际工作内容联系密切，教学过程应做到理论联系实际，如果教师只是照本宣科、纸上谈兵，很少进行案例讲解、模拟操作、技能实训，学生的综合职业能力就得不到巩固、提高。这样会导致部分学生到了工作岗位后，不能承担相应的财会工作；用人单位也不满意，还需花较长的时间和费用进行上岗培训。

（二）归因

1.学生没有形成良好的学习习惯

随着近几年国家政策的扶持，中职学校蓬勃发展，各校招生人数不断增加，然而部分入学学生因文化基础知识较薄弱，没有形成良好的学习习惯，久而久之容易对学习失去兴趣。部分会计专业学生的学习主动性不高，只是单向接受教师讲授的内容，做教师布置的作业；机械地记忆理论法规，没有理解应用；很少主动在课堂上进行质疑、理论推导、合作探究等，没有知识的拓展延伸和技能的自我强化练习。学生缺乏良好的学习习惯，必将影响课堂教学的参与度。

2.缺少课堂适用的教学资源

当然，教师希望教学内容能够吸引学生，能够讲练结合，但是部分会计专业教材以专业知识结构编排，与实际工作联系不多。此类教材，教师教学好用，能在规定的学时内系统介绍专业理论，但学生不好学。理论多，实践少，学生容易感到枯燥，产生厌学情绪。部分中职会计专业教材虽然有配套的实训资料，但是部分资料较陈旧，与现行法规已有脱离；有一些教材篇幅小，但内容纷繁复杂；还有一些资料只是大量实务素材的堆集，没有进行科学的编排，逻辑性有待提高。

教材中存在的这些问题必将使教师耗费精力去甄别、重新整合；耗费课堂学时进行校对修正，将在一定程度上影响教学效果。

3.传统落后的教学方式

部分中职学校的会计教师是从大学毕业后直接任教的，教学理论学了不少，但缺乏授课经验，授课方式多是照搬大学讲师的那一套。或是过多采用讲授法，照本宣科，师生互动很少，实训操作更少；或是抛开书本，延伸太广，学生无所适从。虽然有一部分教师能在教学里增加实训内容，但由于专业实践经验少、学生疑问多、课堂调控能力有待提高、未能完成授课任务等原因，导致学生训练少，专业综合能力有待提高。

综上所述，当前中职会计教学效果欠佳，学生的综合能力发展受到制约，不能满足社会对会计专业人才的要求。因此，会计专业教师应更新教学方式、改变教学行为，探究行之有效的会计专业课程教学模式。

二、中职会计专业课程教学基本要求

中职会计专业处于会计教育的初级层次，专业培养主要面向中小企业、商业银行、行政事业单位、会计中介机构等单位的财务会计、财经文员、出纳、收银、统计、营销、客服、管理（领班、主管）等岗位，培养以诚信为本，德、智、体、美、劳全面发展，具备会计、统计、营销、经济等方面的专业基础知识，掌握岗位操作技能，熟悉相关法律法规，具有较强的综合职业能力，有职业生涯发展基础的技能型会计人才。基于此专业培养目标，专业课程内容要紧密联系具体行业实际，突出应用性和实践性。

可见，中职会计专业课程教学应满足以下基本要求。

（一）重视培养职业能力

会计专业课程教学要大胆融入某一行业生产、经营、管理等方面的内容，走会计专业理论与行业实践相结合的道路。教师应积极探索专业理论与实践的一体化教学，设计并应用以工作任务、岗位工作项目、经济案例等为主，具有鲜明职业特色的教学素材，考核应参照职业化标准，侧重于过程评价，从而使学生在参与课堂活动的同时，体验行业工作实际，练就扎实的专业基本功，积累职业经验。

（二）重视指导学习方法

会计专业课程教学除了要传授学生必需的会计基础知识，按照相应职业岗位的能力要求培养学生的职业技能，更重要的是指导学生掌握基本的专业学习方法。教师在教学中应多组织互动活动，倡导小组合作，从语言和行动等方面对学生进行启发，多引导学生感悟知识的内在联系，内化熟悉专业知识、技能，逐步形成自己有效的学习方法。

（三）加强专业实践

会计专业课程教学要想改变单一的教学形式、手段，可开展岗位工作项目分析、经济案例分析等多种形式的活动，尊重学生的学习主体地位，让学生主动从做中学，探究求索，发展职业思维能力，训练专业基本技能。

传统教学模式以教师为中心，大大降低了学生的学习积极性与主观能动性，难以达到专业课程教学基本要求，难以有效提高课堂教学效率，难以实现专业培养目标。因此，会计专业教师应遵循相关专业课程指导方案的意见，突出职业教育特色，更新教学方式，改变教学行为，探索富有实效的新型教学模式。还应加强学校与企业之间的合作，促进教育改革。中职学校需要根据市场发展趋势调整专业结构，这也是学校发展的关键环节。由于培训周期较长，学校与企业的合作可以使企业对人才需求做出规划。学校通过开展市场调研，可以很好地预测社会对人才的需求趋势，从而有针对性地调整专业结构，有效地、合理地配置教育资源。通过实施产教融合，校企双方从自身生存和发展的角度出发，共同制定包括人才使用、知识结构、专业技能、职业道德、人际关系等影响课程设置的相关要求的人才培训方案。学校可根据教学目标的要求，适时改革课程设置和教学方法。

第二节　中职会计专业课程体系相关概述

一、科学规范的课程设置流程

建立科学规范的中职会计专业课程设置流程应从以下几方面着手。

（一）组建专业课程设置小组

组建专业课程设置小组是确保课程开发质量的基础。一些发达国家已经成立了专业课程团队。例如，英国开放大学就成立了专业课程开发小组，小组成员包括教育技术专家、学科专家、课程协调员、教师和外部评估专家，团队内部专家之间的分工与合作保证了课程开发的科学性[①]。

（二）现状分析

现状分析具体包括以下两个步骤：第一步，分析当前市场需求。这就需要课程设置小组在开设课程前对市场需求进行充分的调研和分析，了解会计相关职业的工作流程和要求，让学生了解市场对会计人才的现实需求，总结出市场要求中职会计专业学生应具备的会计专业能力，并在课程实施过程中要求学生提升专业能力。第二步，分析当前课程设置的现状。反思现行课程设置存在的问题，分析现行课程设置存在的不足，根据学生发展需要和市场需求进行综合分析和评价，从而进行科学合理的会计专业课程设置。

（三）评价与修订

在课程实施过程中，要及时监测课程实施的效果，征求各持分者的意见和建议，不断对现有课程进行评估和修改。这样才能确保会计专业课程的开设符合学生的发展需要、市场对会计专业人才的需求，才能使中职学校培养出与社会经济发展相适应的合格会计人才。

二、中职会计专业课程体系的含义

课程体系是指某一专业所有课程的分布结构和排列顺序，是实现培养目标的载体，也是保障和提高教育教学质量的关键。课程体系主要由特定的课程观、课程目标、课程内容、课程结构和课程活动方式组成，其中课程观起着主宰作用。

（一）课程体系反映了某一专业所有课程的分布结构和排列顺序

分布结构是静态的，是指不同类型的专业课程在整个课程中的比例和位置；而排列顺序是动态的，是指不同类型科目的主次顺序。

---

① 刘奉越. 英国开放大学的办学特色及其启示［J］. 河北大学成人教育学院学报，2013，15（1）：75-80.

（二）课程体系是实现培养目标的载体

要想实现什么样的专业培养目标就要设置什么样的课程体系。传统的中等职业教育课程体系，长期以来与普通高等教育、高等职业教育乃至成人高等教育有着极大的相似度，建立的课程体系强调学术理论知识的系统性和完整性，因此培养出来的人才与专业培养目标存在一定的差距。科学的职业教育课程体系必须体现专业人才的成长规律、职业教育的现实需要以及受教育者的现实需求。因此，必须彻底消除学制壁垒，根据工作内容设计课程体系。

（三）课程体系中的课程观起着主宰作用

课程观是对课程的各种认识和看法的总称，包括对课程的概念、课程的编制、课程的实施、课程的评价等各个方面的认识。传统的课程观以知识为本位，注重书本知识或间接经验的获取，并且注重系统的、公共的知识的学习；而新的课程观认为，课程是开放的、运动着的，在某种程度上是不可预期的，是生成性的，以过程或活动形态存在。

综上所述，中职会计专业课程体系，应该以新的课程观为指导，培养初级会计专业人才，确定课程的类型、课程的静态组合和动态排序、课程名称和内容等。学生从学习活动中获得经验或体验，积累实践知识。初级会计专业人才主要是指负责记账、算账、报账、统计、入库等基本会计工作的一线会计人员。中职会计专业课程体系应从本专业的工作实际出发，考虑各门课程的静态组合和动态排序，按照会计的职业发展规律，由简到繁，从而更加科学合理。

三、构建中职会计专业课程体系的原则

要想达到会计教育的目标，使会计专业学生掌握应具备的会计知识，构建科学合理的会计专业课程体系是关键。因此，我们在构建会计专业课程体系时，必须遵循下列原则。

（一）目标导向性原则

中职会计专业培养的专业人才应具有良好的职业道德素养，掌握会计专业基本技能，能够完成会计专业基本任务。因此，中职会计专业的课程设置和课程体系改革，要与中职会计专业的人才培养目标紧密结合。良好的会计职业道德素养主要包括爱岗敬业、诚实守信、廉洁自律、客观公正、坚持准则、提高技能、参与管理、强化服务等。要想使学生具备这些职业道德素养，教师就要从实践入手，换位思考，通过真实的工作情境来培养学生，使学生尽快进入角色，形成良好的职业道德素养。中职会计专业毕业生应具备手工记账、电算化记账、点钞、签发支票等票据、办理与银行相关业务等技能，能完成基本的会计核算工作、编制财务会计报表、办理企业纳税事宜等。

（二）任务适应性原则

中职会计专业的课程设置和课程体系改革，应紧密联系实际工作岗位的要求，反映工作过程。中职学校要做到这一点，就必须打破传统的学科体系和课程体系，主动与企业合作，共同开发课程。根据会计职业的工作行为体系和会计学科的不同层次、不同岗位来设计学科体系，从实际工作中提炼和整合出课程内容。整体课程应能全面反映会计工作的整体性和综合性，使学生能够把握经济业务的来龙去脉，应对综合性、整体性的实际工作。单个课程应遵循从简单到复杂、从新手到专家的学习模式，分阶段推进，逐步加大难度和广度。

（三）多元评价性原则

中职会计专业教师要实施"做中学、做中教"的教学模式，采用小组合作学习方式，让学生在朋辈交流中学习，在工作体验中成长，在团队合作中提高。课程评价应该采用多种评价手段和方法，聚焦建构知识、获得技能、养成素养，评价信息由相应评价量表和学习平台采集、生成，从而全面、客观、公正地评价学生的学习情况和能力水平。评价应注重学生的学习过程和结果，以阶段性评价、形成性评价为主，注重对学生综合素质和能力的培养，同时引入小组互评、学生自评等评价手段，使教学评价真正起到促进学习、提高教学效果的作用。

（四）专业性原则

会计工作有其自身的专业特点，不论一个企业的性质、规模、具体业务如何，其会计的工作流程都包括审核原始凭证、填制记账凭证、复核记账凭证、登记账簿、编制会计报表、纳税申报六个步骤。因此，每一门会计课程都应体现其专业特点，在每个教学情境的设计上都紧紧围绕六步工作法进行，在"上学如上岗"的教学模式下，让学生熟练掌握相关专业能力，这是学生未来迁移能力、学习能力、适应能力形成的重要基础。

（五）知识整合原则

为了培养学生的综合运用能力和解决实际问题的能力，课程应该注重知识的整合和应用，促进不同学科知识的融合与交叉。教师应立足当地产业发展，从毕业生面向的主要职业岗位分析入手，开展校企合作、产教融合，引进生产性实战项目，培养会计复合型人才。依托中等职业教育国家规划教材，根据中职会计专业人才培养方案及课程标准，将企业真实的工作任务引入课堂，将工作任务转化为适合学生学习的内容，结合智能财税、业财一体信息化应用等"1+X"证书的新技术规范要求，建构"岗课赛证"四元融通课程，对教学内容进行整合重构。

四、中职会计专业课程体系的层次结构

中职会计专业课程体系包括四大类课程：公共基础课程、专业核心课程、专业技能（方向）课程、实习实训。

（一）公共基础课程

公共基础课程是所有经济管理类专业学生必须参加的课程，包括马克思主义理论课程、思想政治教育课程、应用基础课程和体育课程。该专业的系统教学旨在培养学生的逻辑思维、分析判断能力、应用文写作能力、语言沟通能力，积累历史、文学和法律知识，帮助他们提高思想政治水平，了解最新的就业形势和政策，提高整体素质水平。

（二）专业核心课程

会计专业核心课程包括基础会计、基础会计实训、会计基本技能、出纳实务、初级会计实务、财经法规与会计职业道德、税费计算与缴纳等，是构成会计专业课程体系的基础，也是决定会计教育教学质量的核心课程。对中职学校的学生而言，专业技能十分重要，因此在教学过程中应加强理论实践一体化，突出"做中学、做中教"的职业教育教学特色。扎实的技能是学生在毕业后胜任会计工作岗位要求的决定因素之一，也是增强核心竞争力的基础。

（三）专业技能（方向）课程

会计专业技能（方向）课程是指围绕会计核心能力培养，丰富和充实会计学内容，采用任务教学、角色扮演、情境教学等方法，开拓学生的知识视野，提高学生的适应能力、应变能力和职业能力，满足各行各业及现代化管理的需要而开设的课程。按照相应职业岗位（群）的能力要求，会计专业技能（方向）课程分

为工业企业会计方向、电子商务企业会计方向、服务行业会计方向、代理记账方向等。

（四）实习实训

实习实训是专业技能课教学的重要内容，包含综合实训、校外实习等多种形式。综合实训是会计专业必修的校内实训环节，以国家财经法律法规和岗位能力需要为依据，借助财经类仿真实训软件等方式，有序开展点钞训练、翻打传票训练、出纳员岗位实训、收银员岗位实训、办税员岗位实训、会计电算化上机训练等综合性实训项目，对本专业职业岗位应完成的工作任务、应具备的职业技能和职业道德进行系统化训练，为学生未来就业或创业打下基础。校外实习则充分利用校内外实训基地，将学生的自主学习、合作学习和教师引导教学等教学组织形式有机结合。

由于大多数企业对会计专业资格证书有要求，中职学校在制定会计专业课程内容时，应考虑企业对会计专业资格证书的不同要求，以便将基础专业课程与专业资格证书课程联系起来，为学生获得会计专业资格证书奠定坚实的理论基础。从市场需求来看，会计专业的毕业生主要从事收银员、店员、出纳员等工作。基于企业对专业资格证书的要求，以及学生工作岗位对专业基础课程的要求，专业基础课程设置必须更加科学合理。

除教育部指定的公共基础课程外，其余三类课程在不同学校的实施方式不同。这四类课程相互依存、相互制约、相互补充，共同构成了会计专业教育的综合知识体系。

第三节　产教融合下的中职会计专业课程设置和开发探究

课程建设与教学改革是提高教学质量的核心，也是提升人才培养质量的重要途径。在产教融合背景下进行会计专业课程建设是优化课程体系、革新课程内容、提升教学效果、提高就业比例最直接和最有效的途径。

一、产教融合课程开发的重要性

（一）为企业提供更好的人才

从学生的实习报告和就业对口率来看，学校教学与实际工作还存在一定的差距。为了给企业提供更好的人才，可进行产教融合课程开发，以满足企业的用人需求和学生的学习需求。在课程开发中，学校可以根据企业的用人需求，开发与企业相关的课程，采用企业真实环境，讲授最新的理论知识，给学生呈现更直观、更具体的工作环境与工作内容；企业可以更好地了解学生的能力和素质，实现教学内容与产业需求无缝对接。

（二）为学生提供更多的实践和就业机会

采用产教融合课程开发模式，学校可以根据学生的需求，开发与学生相关的课程，并且通过与生产过程相对接的教学，为学生提供更多的实践机会，从而有效提高学生的实践能力。企业也可以优先选择品学兼优的学生为其提供更多的就业机会，并且可以大大降低招工、用人方面的成本与风险。应用产教融合开发的课程可提升学生的综合素质，增强其就业竞争力，使学生具备"零距离"胜任工作岗位的职业能力。

二、产教融合课程开发的现状

产教融合开展不顺利，无法与产业形成协同发展，主要有四个原因：一是理念落后；二是企业没有动力；三是教材陈旧；四是课程滞后。可见，课程开发是推动产教融合很重要的一环。产教融合课程开发需要有学校、教师和企业的积极参与以及国家相关政策的扶持等。但是到目前为止，产教融合课程开发的情况不尽如人意，存在的问题主要包括以下几个。

（一）企业参与度有待提高

在我国，部分企业对产教融合缺乏认识，参与的热情有待提高。部分企业认为培育人才是学校的事而不是企业的责任，自身参与与否都没多大关系；部分企业对人才的技术技能要求不高，认为自身无须参与培养技能型人才；部分企业积极投入人力、物力和财力，但是学生毕业后留在企业的不多，企业受益很小，付出与收获不对等。当然，也有部分企业愿意参与产教融合，但是只负责提供资金和实训场地，外加对教师的培训。部分企业认为对学生的教育是学校的长项，特别是在专业课程设置方面，他们是外行，不懂也不愿意参与。总之，在产教融合中，学校想合作的意愿很强烈，而部分企业的参与度有待提高，造成产教融合校方"一厢情愿"或"长短腿"的局面。

（二）与工作岗位存在一定程度的脱节

目前，职业教育专业课程设置普遍为教育专家导向。专业课程体系、教学内容及课程动态排序都由教育专家决定，这无异于普通教育。职业教育的学生是面向企业、面向社会的，而有一部分教育专家是纯理论研究型的专家，他们对实际工作岗位的了解知之甚少，在对职业教育的专业课程进行设置时并不清楚"为谁培养人、怎么培养人、培养什么样的人"，或者只是一知半解，这样设置的课程满足不了工作岗位的需求，造成学生无法学以致用，适应不了未来的工作岗位，得不到用人单位的认可。教育专家自身与工作岗位的脱节，造成专业课程设置与工作岗位的脱节。

（三）"双师型"教师队伍有待扩充

职业教育教师队伍面临数量不足、校企双向流动不畅、专业化水平有待提高等问题，尤其是同时具备理论教学能力和实践教学能力的"双师型"教师队伍有待扩充，这也成为制约职业教育改革发展的瓶颈。建设高素质"双师型"教师队伍是加快推进职业教育现代化的基础性工作。

（四）缺乏综合职业培训

会计专业技能知识分散在不同的专业课程中，学生的专业技能通过课程和实践培训进行培养，此时课程与实践培训之间存在分离的情况。由于部分学生认知的局限性和会计专业理论知识不扎实，有必要通过会计实践培训来加强其对会计专业知识的学习。职业技能培训需要一个完整的周期，但目前职业技能培训在培训整合中的方案相对较弱，因此学校培养的人才在一定程度上脱离了社会的需要，不仅没有培养出专业人才，而且没有满足企业对人才的需求[①]。

三、产教融合下中职会计课程开发基本目标

（一）理论与实践并重

中职学校的会计专业课程标准包括课程的性质与定位、设计理念与思路、课

---

① 邵春玲. 校企深度合作会计工作室职业能力集成培养研究［J］. 企业科技与发展，2018（7）：135-137.

程目标、教学组织、教学内容与能力要求、课程实施建议等方面的文件。随着政府加大对中职学校的扶持力度，我国的职业教育进入了快速发展阶段，课程标准也随之发生了变化。在产教融合的背景下，会计专业课程标准的变化对于课程开发至关重要。课程标准注重实践教学内容，增加实践教学时数，将实践教学时数与理论课时的比例提高到 1：1。学生通过参加实践培训，将达到"掌握学习过程中的技能"的理想阶段。

（二）多主体参与课程开发

随着职业教育的发展，越来越多的学生进入中职学校学习。会计专业课程标准应从教师提供的统一要求转变为多个利益相关者之间的协作，共同制定课程标准。利益相关者主要包括所有中等职业学校、政府、企业。产教融合是促进职业教育和培训创新的新范式。产业—教育一体化通过学校—工厂合作平台将企业带入校园。"厂中校"和"校中厂"是建立现代职业教育体系的有效途径。为了实现这一目标，中等职业教育机构和中职学校必须意识到课程设置的相关问题，充分考虑企业的利益，互利合作将成为产教融合的新模式。

（三）实行动态反馈机制

学校课程反馈的目的是评估学校课程的发展、实施及其影响，并确保达到学校课程的目标。学校课程评估可以为学校课程开发者提供合理而有用的反馈。因此，课程开发者可以根据获得的信息做出科学决策并开发下一阶段课程。课程反馈是课程开发中最复杂的部分，需要持续的数据支持，是提高课程反馈的客观性和评估效率的可靠方法。

四、重构会计专业课程体系的实施路径

（一）加大企业对产教融合课程开发的投入力度

企业参与产教融合课程开发至关重要。企业要想使学校培养的学生符合自身对人才的要求，就应该积极参与产教融合课程开发，加大对产教融合课程开发的投入力度。

1. 企业应加大对产教融合课程开发的资金投入力度

资金是保证产教融合课程顺利开展的关键。长期以来，企业参与产教融合课程开发的热情有待提高，投入相对较少。因此，企业必须认识到参与产教融合课程开发的重要性，加大对产教融合课程开发的资金投入力度。加大产教融合课程开发的资金投入力度，与学校共同培养人才，一方面可以提高企业的可持续发展能力，另一方面可以让企业成员了解到企业对产教融合课程开发的重视。

2.企业应加大对产教融合课程开发的人力资源投入力度

人力资源是产教融合课程顺利开展的保障。当前产教融合课程开发中存在的一个问题就是企业没有配备专门从事产教融合课程开发工作的人员，导致企业对产教融合课程开发的动态不甚了解，产教融合课程开发的相关理念更新不及时。

3.企业应加大对产教融合课程开发的资源投入力度

资源是保证产教融合课程成功开发的根本。例如，企业场地的支持、组织与课程开发相关的技术培训、充分发挥企业专家的优势等。由于企业参与产教融合课程开发的先天条件不如学校，企业在参与产教融合课程开发的过程中，要特别注意相关资源的配置，从而在产教融合课程开发的过程中掌握更多的主动权。

（二）加强学校领导与企业之间的沟通

学校与企业的深度合作基于密切的沟通和相互理解，特别是学校与企业之间的合作课程的发展。因此，要想促进产教融合课程开发机制的可持续发展，需要加强学校与企业之间的沟通，更准确地传达企业对学校人力资源的需求。

当然，在学校与企业的沟通过程中，教师与学生不是唯一的沟通与交流主体，学校的领导也必须与企业沟通。因为从提高领导意识的角度来制订学校与企业之间的合作计划，加强学校领导与企业领导之间的沟通更为重要。学校与企业领导者之间的密切交流和互动，不仅有利于形成良好的战略伙伴关系，而且能够促进学校与企业员工之间的密切交流与合作。

随着这种交流的深入，产教融合无疑将成为学校满足企业需求、吸引学校领导关注的重要途径，企业参与产教融合项目开发的积极性也将得到有效提高。

（三）建立课程开发产教融合机制

课程开发产教融合机制是各学科开展工作、承担责任和沟通交流的保障，有利于有效促进课程的建设。

1.建立工作组织

首先，由学校、企业、培训机构等多方人员组成负责编写课程的工作组，由学校专业负责人担任团队负责人。其次，由行业和企业的高级专家、教育研究机构和部门的课程专家以及学校教育管理和质量管理部门的相关人员组成负责研究计划制订和建设的专家委员会，验证课程开发计划，管理和评价课程开发。最后，由合作方指定专家组成合作专家岗，开展专题研究，寻找资源，发现问题，总结经验，提出建议。

2. 明确职责分工

课程开发团队负责人是合作项目的指挥官和协调员；学校的项目责任人是合作项目的召集者和负责人；企业和培训机构的项目责任人与学校合作，完成课程建设、课程资源建设和课程实施；专家委员会提出专业课程体系建设和课程改革的指导方案，逐步验证和评价课程建设成果，提出修改意见。

3. 建立沟通渠道

产教融合专家平台是各方沟通的重要渠道，是校企合作、深度融合的管理平台。合作专家岗主要负责制定合作工作方案、完善产教融合运行体系、研究产教融合进展情况、及时解决产教融合过程中出现的困难和问题等。在专家的组织和协调下，校企各方通过个人交流或定期会议与沟通，进行学校课程建设的市场调研，寻找课程资源，协调各方利益和需求。

（四）改革课程体系，体现课程实践性

根据企业的需求和学生实际构建产教融合背景下协同育人的课程体系，不断提高学生的岗位适应能力，实现为社会输送技术技能型人才的目标。

第一，对会计专业的人才培养方案进行重新修订。按照中等职业教育理念，紧密结合会计行业特点，构建符合中职教育规律，以职业岗位作业流程为导向，校企合作、产教融合的会计专业课程体系。该课程体系结构应体现"高技能""应用型"培养特点。

第二，以产教融合为指导，构建"专业技能模块化"课程体系。以会计岗位能力为主线，开发专业基本素质课程、通用能力课程、岗位能力课程和拓展能力课程。课程开发既要培养学生的会计理论知识、会计专业技能，还要加强对学生的会计职业道德教育。中职学校会计专业的课程体系分为五个模块：公共基础模块、专业核心能力模块、专业方向能力模块和实习实训模块。在公共基础模块，设置语数英、思想政治、历史、计算机应用等课程，使学生掌握专业通用理论基础知识；在专业核心能力模块，设置基础会计、税收基础、会计基本技能、出纳实务等课程，夯实学生的专业基础；在专业方向能力模块，设置企业财务会计、成本会计、电商会计、建筑会计等课程，培养学生适应职业岗位的能力；在实习实训模块，设置认识实习、岗位实习等，提升学生的实践操作水平。

（五）加强师资队伍建设

在产教融合过程中，学校主要负责理论教育和实践教育，这就对教师提出了更高的要求。与传统会计教育重视理论知识的积累而忽视实践教育相比，在实践中，部分教师缺乏实践经验，影响了实践教育的效果，造成不必要的资源浪费。因此，教师在进行会计实践教学之前需要进行预先考核和培训。对教师来说，培训是提高教学质量和实训水平的必要条件，因为长期从事教育工作的教师缺乏实践经验，即使以前从事过企业会计实务工作，也会因为缺乏长期实践而生疏。

（六）创新教学方法，加强实践教育

会计理论教育如果不注重教学方法的创新，就会使学生学习时感到枯燥乏味，从而无法学好会计。因此，在教学过程中，教师要创新教学方法，活跃课堂气氛。

1. 案例教学

案例教学作为一种新的教学方法越来越受到人们的欢迎。在案例教学中，学生是课堂的主体，教师的任务是组织课堂、指导讨论、计划任务、编写场景并提高学生的主动性。在中职学校会计教育中实施案例教学，要体现职业教育的特点，提高学生的综合素质，提升教学质量和效益。

近年来，在国家职业教育政策的指导下，我国职业教育再次迎来了良好的发展机遇。中职学校在扩大招生规模的同时，还提高了招生门槛，学生素质大大提高。但是相对于普通高中的学生，这些学生的成绩有待提高，并且较为抵制传统的教学方法。案例教学可以调动他们学习的兴趣，同时扩大他们的知识面和提高他们的整体素质，使他们能够尽快适应社会。

2. 实践性教学

实践性教学是以案例为基础，以学生参与为中心的教学模式。实践性教学对促进会计教育与会计实践相结合，提高学生的实践能力和实际操作技能具有不可替代的作用。随着会计教育信息化的发展，实践性教学将更加科学化、合理化、规范化。例如，教师引导学生将学校会计教育网站上的商务会计软件下载到电脑上并初始化设置，以网站实习案例库为基础，提供实习案例数据，指导学生进行会计处理、会计报告、财务分析等。会计基础知识的巩固进一步加深了学生对会计工作管理的理解，使学生亲身体验了会计方法的具体应用和会计数据处理的全过程。另外，学生可以在计算机网络和多媒体环境下完成教师发布的会计任务，将学到的会计理论知识和会计实践有机地结合起来，最终形成会计专业能力。

（七）完善学生反馈信息收集和评价机制

教师通过产教融合，在开设中职会计专业课程的过程中，提高学生的专业素质和素质水平，加强课后反馈信息收集，建立奖惩机制。

兴趣是学生最好的老师。在产教融合开发中职会计专业课程的过程中，要完善考核机制，激发学生学习会计专业课程的兴趣。传统的评价机制主要集中在学生的学习结果反馈上，经常忽略学生的学习过程。因此，在产教融合开发中职会计专业课程的过程中，要关注学生的学习过程，重视教育的激励机制，培养学生的学习兴趣，提高学生的学习效率和对会计专业课程的学习兴趣。

第七章　产教融合下的中职会计专业学生管理

产教融合办学是职业教育改革的重要方向，目的在于培养高素质技能型人才。产教融合的最终落脚点是学生，但实际上，在产教融合背景下，学生的教育管理还不够成熟，在一定程度上影响了产教融合对学生培养的实际成效。因此，如何加强对学生的管理成为中职学校和企业迫切需要解决的问题。

第一节　校企合作学生管理体系的构建

一、校企合作下学生管理面临的问题

中职学校无论采取何种人才培养形式，都会给学生管理工作带来一些新情况、新问题。

（一）管理制度存在缺陷

目前，企业与学校的合作模式仍处于探索阶段，在学生管理方面，专业管理人才不足，学生管理体制有待完善，主要表现在三个方面：第一，学生管理过程中有很多"空白区"，因为没有规则，给管理工作带来一定困难；第二，一些临时和紧急措施与规章制度共存，学生管理制度缺乏一贯性、连续性和持续性；第三，由于制度本身的不足和人为因素的阻碍，执行不力，最终可能导致管理制度失去权威。

（二）多头管理的矛盾因素

由于校企双方拥有共同的管理权和控制权，在没有第三方机构强有力干预的

情况下，学校的经费往往受到企业投资的限制。特别是在学校发展初期，由于企业倾向于对硬件的投资，而校方更注重软件方面的建设，不得不减少对员工行政资本的投资，学生管理方面的人员就会受到限制，学生管理变得困难。

（三）学生的自我管理能力不足

中职学校学生的文化基础相对薄弱，学习积极性和自主能力有待提高。大多数学生的家庭经济条件比较好，个性强，学习和闲暇时间的自主调整能力有待提高，自我管理能力不足。

（四）学生的诚信意识有待提高

学校和企业开展校企合作，双方都投入了大量的资源。合作一旦展开，校企双方就要承担各自的责任、义务。因此，学生在与企业签订就业协议书时，也要讲诚信，并对自己的行为承担相应的责任。但现实情况是，个别学生进入企业后，认为实际工作条件、待遇等与自己的期望存在差距，出现毁约现象。这反映了学生进入企业顶岗实习的随意性较大，也反映了部分学生缺乏诚信。

二、学生进入企业前后的管理工作

（一）学生进入企业前

学生在进入企业之前必须接受培训。很多实习生在进入企业之前都抱有很高的期待，并不认为学校生活与社会和工作场所的生活有很大的不同。然而，部分学生在进入企业工作的前几个月开始不习惯，经常有离职的想法。因此，学校要针对学生进入企业后出现的若干问题对其进行引导教育，使得学生以更积极向上的心态工作。

首先，学校要使学生明确校企合作的意义和目的，激发学生的学习动机，避免学生产生消极思想。

其次，学校要使学生明确校企合作学习方式的意义和目的，结合会计岗位的工作特点，进行深入细致的实习前教育和培训，提高学生对企业和职位的认识。

最后，学校应要求学生在进入企业前签订相关的协议书和保证书，以加强学生对实习的重视。

（二）学生进入企业后

1. 建立学生的个人档案

在学校和企业紧密合作的条件下，工学结合模式使学生不断改变自己的角色。学生的心态和思想很容易发生变化，而社会环境会对学生的人生观和价值观的形成产生影响。因此，在学生进入企业后，学校应建立学生的个人档案，详细记录学生的成长与发展。

2. 班主任要转变好角色

班主任是学生的直接管理者，在校企深度合作的背景下，班主任发挥的作用显得尤为重要。学生在学校学习期间，班主任按照学校的常规方法、规则来管理学生。例如，定期开展知识技能竞赛，了解学生的心理状态，丰富他们的课余生活，巩固他们的知识等。学生到企业实习，既是学生又是员工，这种双重身份使他们的心态发生了变化。学生对真正的工作感到兴奋，但是因离开熟悉的学校又会感到焦虑。在新的环境中，学生很容易忽视学校的管教，往往不遵守企业和学校的实习计划和准则。因此，班主任需要转变好角色，按照企业的规章制度来管理学生。

三、校企合作下学生管理方式创新

（一）校企联手寻求灵活有效的心理教育模式

根据校企合作下学生的心理特点，我们要寻求灵活有效的心理教育模式，这种模式应该贯穿学生实习前、实习中和实习后三个阶段。

1. 建立心理疏导机制

实习前，有些学生对企业实习认识不足，认为学生应该在校园里学习，不同意学校的这种安排。此外，一些学生渴望社会、渴望工作，实习满足了他们开辟新世界的愿望，但因自己的技能薄弱和竞争力不足，对即将到来的实习感到恐慌。因此，学校应建立全面的心理疏导机制，为学生解析实习的目的和重要性，注意学生的心理波动。

2. 成立心理互助小组

这主要是针对在企业实习的学生。在同一个企业实习的学生可以成立一个或多个心理互助小组，每个小组定期组织活动。在此期间，学生可以讨论问题，也可以一起分享快乐。这样，所有学生都能得到心理安慰，避免心理焦虑的发生。

3. 建立信息联络系统

实习期间，教师可以将负责任、善于沟通的学生选为联络员，引导其通过手机等通信工具定期向企业的负责人或班主任反馈实习情况。

4. 建立有效的沟通机制

这种沟通是多方面的，包括班主任、相关教师和企业导师之间的沟通，及时解决学生可能存在的心理问题。

5. 完善实习结束后的心理反馈机制

学生实习结束回到学校后，班主任和教师可以通过实习总结报告、座谈会、汇报会、评价竞争等方式，引导学生做好实习总结分析，将实习中习得的技能运用到今后的学习中，不断提升和改进工作。这样，学生的管理工作就能在企业和学校的合作模式中取得具体成果。

（二）校企合作形成创新的学生管理机制

校企合作模式注重对学生实践能力的培养，使学生在校期间就能尽早地进入企业学习。增加了校外实习时间，也就提高了学生管理和思想教育工作的复杂性。为了让教师更好地了解学生、关爱学生，真正做到教书育人，学校应把教学与学生管理紧密结合起来，实行"一岗双责"制度。通过这个制度，班主任可以与科任教师多沟通交流，更深入、更全面地了解学生的学习、工作和生活情况，更容易发现学生的问题，从而给予有针对性的指导。

对学生的激励也很重要。学校可以与企业合作设立各种奖学金，定期组织学生参加手工记账比赛、会计电算化技能竞赛、纳税实务大赛，不定期展示学生实习成果等，从而选拔出优秀学生。学生在实习期间的成绩由学校和企业共同评估确定，优秀毕业生将优先被企业录用。

校企合作模式下的学生管理方式需要不断创新。学生管理人员（主要是班主任）应通过网络等渠道定期与实习单位联系，跟踪并了解学生的实习动向，确保学生的思想和心理问题得到及时解决。活动的组织也要根据企业的实际情况和学生的时间灵活调整。学生管理不是学校单方面的事情，还需要企业的支持和配合。企业要有专人负责学生管理，除了传授专业技能外，还要定期开展劳动精神和工匠精神的宣传教育，帮助学生树立正确的职业道德，在实践中锻炼，学会做人做事。校企双方形成教育合作体系，能够提高教育管理效率。

（三）校企文化融合尝试新型的教育理念和管理手段

校企合作必然导致校园文化与企业文化的融合。学校应引导学生解决问题，完善自我。学生可以在校园文化中培养积极的人生态度和价值观，在企业文化中学会与人沟通合作，在学习中发展个性。根据学生管理的性质，学校应按企业组织形式组建班委会，按企业管理形式建立负责人（班长）总负责制，遵照企业规章制度制定班规，融入企业文化和专业特点策划班级活动。通过组织一系列活动，学生能够在提升专业技能的同时感受到企业文化的氛围，并将自己融入企业文化，认同企业文化，毕业后也能更快地适应企业工作。

第二节　全面落实学生专业实习管理

中职学校会计专业校外实习分为认识实习、岗位实习两种形式，其中岗位实习分为在校期间的跟岗实习和毕业前的顶岗实习。这三个实习环节应环环相扣，循序渐进。然而，目前在部分中职学校会计专业的教学安排中，认识实习环节缺失，跟岗实习异化，导致会计专业实习环节未能有效帮助会计专业学生燃起职业热情，使得会计就业缺乏吸引力，办学效能减损。

一、会计专业学生实习面临的问题

（一）实习安排和学生管理存在缺陷

会计专业学生实习是校外实践教学的重要组成部分，可分阶段实施，即认识实习、跟岗实习和顶岗实习。认识实习一般在中职一年级期间，处于这个阶段的学生还较缺乏与其思想意识相对应的专业教育和指导，对实习的意义理解不深。但是通过认识实习阶段，学生可以感受到优秀的企业文化，对会计工作环境和氛围有一个感性的认识，有助于树立良好的职业形象，激发工作热情。但这一阶段的教育仅停留在专业介绍上，教师在专业课上讲授的知识较少，没有带领学生进行企业观摩学习活动。

有的学校没有组织学生进行跟岗实习；有的学校为了减轻校内教育教学管理的压力，安排学生在第二学期进行跟岗实习；还有的学校在第二、三学期都安排学生到企业跟岗实习；学校在学生跟岗实习的组织安排方面随意性较大。跟岗实习安排的临时性、无计划性往往与原有校内教学计划相冲突，学生面临课程设置和授课内容临时调整的问题，在一定程度上降低了校内教学质量。

顶岗实习一般安排在学生毕业前的第六学期。由于会计专业的特点，顶岗实习的企业比较分散，部分学校的教师没有入驻企业进行管理。由于缺乏激励机制，学生容易在实习过程中产生消极态度。

（二）实习阶段目标有待明确

认识实习、跟岗实习和顶岗实习都应该有相应的教学目标。但在部分学校教学计划的安排和实施中，对认识实习、跟岗实习和顶岗实习没有具体安排，没有落实各阶段的具体教育教学目标和任务。其中，在实习企业的实训指导安排上，跟岗实习采取的原则是学生不直接在工作岗位上独立操作，而是工学结合，交替进行，在工作岗位上跟着师傅学习，理论与实践相结合。但是事实上，在跟岗实习和顶岗实习这两个阶段，企业对学生的要求在工作内容和工作形式上与正式员工没有本质区别，这背离了跟岗实习的初衷。在跟岗实习阶段，应将一些技能操作性较强的课程放在具体岗位上，与企业实行联合教学，做到理论与实践相联系，更好地突破实践操作难以讲授的困难。只有到了顶岗实习阶段，学生才能真正独立从事专业工作。但是，由于跟岗实习与顶岗实习在企业管理制度、工作安排等方面缺乏区别，学生负担较重，最终导致跟岗实习变成了顶岗实习，削弱了对学生的教育，也难以取得良好的教学效果。

（三）校企合作机制有待完善

在校企合作中，为了确保实习效果，学校应当选择具备相应培训资质、管理制度规范标准、设施设备完整的企业作为实习基地，并与合作企业共同建立专业共建共管制度、课程开发制度、实训基地共建制度、学生实习制度、实训评价制度、企业兼职教师聘任制度和运营资金保障制度等校企合作机制。但调查结果表明，部分中职学校在企业实训基地的选择和合作共建上，机制有待完善，缺乏一定的标准和规范。校企合作机制处于各自为政的状态，没有统一管理。

（四）针对企业实习活动的保障制度有待完善

国家出台了《职业学校学生实习管理规定》，但从近几年的办学实践来看，并没有达到预期目标。一些学者的调查研究表明，学生顶岗实习结束后，留在企业的毕业生比例非常小，主要原因是企业没有很好地发挥自身的优势和吸引力，很多合作仅停留在表面。企业参与了学校的实习活动，也付出大量的时间和经济成本，但优秀人才可能无法留在企业，无法为企业提供服务，企业也无法回收初期投资，从而增加了企业的运营成本。因此，大多数企业都喜欢直接招聘，或者通过学校、中介机构等招聘有适当经验的人才。

（五）实习过程中的专业吸引力有待增强

首先，跟岗实习阶段的工作强度和工作量与顶岗实习阶段相差不大，同时对跟岗实习和顶岗实习过程缺乏跟踪指导，特别是顶岗实习环节。加之顶岗实习学生的工资待遇明显低于正式员工，企业缺乏相应的激励机制，使学生产生了消极心理。

其次，实习企业对实习学生缺乏人文关怀，学生对企业也缺乏认同感和归属感。部分企业在用工上将实习生视为正式员工，以正式员工的标准要求实习生，却缺乏相应的人员培训和管理。

最后，由于缺乏持续的政策引导，企业的积极性有待提高，难以形成校企协同育人机制，企业只把学生当作普通员工对待，无法保证教育教学质量和效果。

二、学生实习管理的思路与方法

（一）改进实习制度和标准化实习过程

1. 建立和完善以目标为导向的实习管理制度

实习管理制度包括学校和企业之间签订培养合同的制度，该制度明确了实习单位的培养目标、内容和过程。学校应主动与企业沟通，共同制订在职培训计划，并确保双方在计划和组织、过程监督、激励、评价和考核等方面达成共识。

2. 建立双导师制度，以实现共同教育和培训目标

目前，校内教师在会计专业学生实习中的作用非常突出，校外企业导师的作用被忽视。但实际上，学生在实习单位的时间很长，校外企业导师应更多地参与到对学生的教育中。因此，有必要建立以企业导师为主线、以学校教师为辅助的联合教育形式，完善互动机制，确定校内教师与校外企业导师之间教育互动的时间、内容和形式，规范对校内和校外讲师的管理。

3. 根据学生的需要设计各种实习项目

认识实习和跟岗实习由学校统一组织，以集中到企业进行实习为主、学生自

主选择实习单位为辅，设计各种实习方案以供学生选择。集中实习可以采取实习营的形式，校外企业导师帮助学生完成任务。自主选择实习可以采取以学期为单位的灵活实习和固定实习的形式，学生可在周末时间自主到企业实习，完成必要的实习任务，获得实习学分，并从校园内外导师那里得到评价。顶岗实习应根据学生的具体情况进行调整。对于已经有实际操作能力的学生，可以以就业形式直接上岗工作；对于实际操作能力弱的学生，可以选择在企业继续跟岗实习代替毕业实习。

（二）加强对实习过程的监督，确保实习有效收获

第一，对学生实习过程的管理是否到位很大程度上决定了跟岗实习的成败。学校和企业应要求实习管理教师履行班主任和实习主管的双重职能，并在日常生活事务管理、学生职业指导、学生心理指导、应急管理以及与企业的沟通和协调方面做好准备。实习结束前，学校应通知学生通过网络对实习指导教师进行评价，而企业兼职教师和学校实习管理教师通过学生的"实习评估表"和"实习报告"对学生的总体成绩进行评估，如果学生未能通过评估，将无法获得文凭。

第二，学校实训就业办公室和各系部教学、学工处应有计划地到各实习企业对学生的实习过程进行监督检查，定期了解并指导学生的实习工作，监督企业导师严格管理实习过程，及时解决学生在实习过程中出现的问题，协调学校、企业和学生三方的利益关系，大力推进信息技术的动态管理。

（三）政策激励，以促进学校、企业和政府之间的三方联动

政府是职业教育改革和发展的引导者，健全的财政体系是产教融合背景下会计专业学生实习顺利开展的有力保证。为了鼓励企业参与实习活动，政府要完善财政支持体系，建立校企合作经济融资体系，这也符合企业以经济利益为导向的经济原则。与此同时，政府应对参与实习活动的高质量企业实行减税、实习补贴、无息贷款等优惠政策制度 [1]，并推动优质企业积极参与职业教育活动。

（四）建立实习管理平台，提高信息化管理水平

建立实习管理平台旨在解决学校、企业、教师和学生之间的联系和管理问题。通过这个平台，学校、企业、教师和学生可以相互沟通，学生能够与校外的辅导人员保持联系，学校、企业和教师能够有效、合理地管理校外实习学生。在

---

[1] 赵宝芳，孙百鸣，刘立戎. 高职学生顶岗实习考核评价体系的构建［J］. 成人教育，2012，32（7）：34-35.

实习之前，每个学生都必须在手机上安装相应的软件，以便学校对实习过程进行动态监督。

实习管理平台的建立原则如下：功能全面，能够覆盖整个实习过程所需的功能；模块的划分明确，符合目标用户的需求；明确目标用户活动的划分，以确保目标用户在实习过程中承担责任；易于维护，易于管理；确保经济实用，保护学校在信息技术方面的投资，最大限度地提高投资效益；为中职学校学生的实习过程提供最佳方案，学校实训就业处可以通过实习管理模块及时了解各班学生的实习情况，并对相关数据进行收集、整理、分析，从而加强学校实习信息化管理。实习管理平台应该能够为学校提供决策支持和参考基础，以建立会计专业课程体系并制定人才培养方案。

（五）建立"一个中心""两种沟通""三个渠道"机制，降低实习管理难度

"一个中心"是指以学生实习为中心，向学校、企业、学生和家长四方展示学生的实习过程和成果，以确保有效的信息流动、端到端的沟通和四方的参与。四方参与的实习管理如图 7-1 所示。由于学校是学生实习管理的主要部门，实习企业需要为学生指定指导教师，并为他们建立联系渠道，开展相关实习工作，定期向学生家长反馈信息。

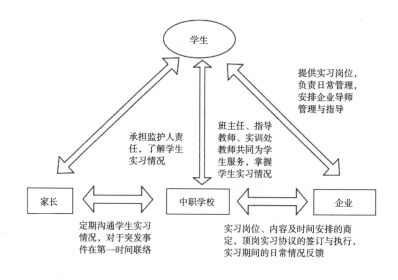

图 7-1　四方参与的实习管理模式

"两种沟通"是指学校与学生之间的沟通方式和信息应对机制，包括即时双向沟通和定期单向沟通。即时双向沟通是指学校通过即时通信软件（如 QQ、微信等）与学生建立 24 小时在线沟通渠道，学校可以在第一时间将信息传递给学生；同时，学生在实习期间遇到不便或紧急情况，可以及时向学校寻求支持和帮助。定期单向沟通依托学校实习管理平台，信息交流和互动非实时单向进行。学生定期登录平台，填写实习过程信息并报告实习结果；教师定期登录平台，查看学生的实习报告，最终形成学生的实习成绩。

"三个渠道"的对象包括班主任（负责学生管理）、实训处主任（负责教学管理）和企业导师。这三个沟通渠道可在即时通信软件和实习管理平台的基础上建立。班主任主要负责学生管理和纪律问题、心理健康教育，并与公司实习管理部门进行沟通协调，必要时与学生家长取得联系；实训处主任主要处理与实习实训有关的事务，如组织实习进展、收集有关实习的数据和分析数据等；企业导师只管理部分实习生，主要负责学生实习过程的指导和监督，并应与班主任或同事保持联系，与实习生进行频繁的沟通[①]。"两种沟通"与"三个渠道"的信息流动如图 7-2 所示。

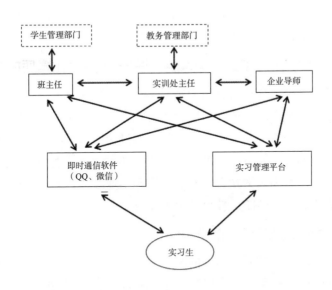

图 7-2 "两种沟通"与"三个渠道"的信息流动

---

① 杜燕锋，于小艳. 大学知识生产模式转型与人才培养模式变革［J］. 高教探索，2019（8）：21-25.

在实习期间，中职学校会计专业学生从校园走向企业，从学生转变为准员工，这一系列的变化都会对学生的心理产生影响，因此对学生进行心理健康教育就显得极为重要。勤沟通、早发现、早干预、确保实习安全是实习管理的基本原则。

第三节　提升学生的自我管理能力

学生的自我管理能力是指学生适应社会需求和自身发展的能力，能积极调节和控制自己的心理和行为，最大限度地发挥潜能，合理利用资源。

一、提升学生自我管理能力的必要性

（一）实现社会人才培养目标的必要条件

中等职业教育旨在使学生具有理想、道德、文化和纪律，培养道德、智力和体质。较强的适应能力，识别、分析和解决问题的能力，独立履行基本职业职责的能力，更有效地参与社会活动的能力，已成为社会对毕业生的基本要求。因此，从学校层面来说，培养学生的自我管理能力不仅是社会对学生管理和教育的要求，而且是学生尽快融入社会、在生活中取得成功的基础。

（二）坚持以人为本的理念和全面提升学生文化素质的前提

现代教育最重要的理念是以人为本，旨在全面提高人的综合素质。以人为本的理念将社会需求和人的整体素质置于所有教育活动的中心。全面优质的教育应包括四个方面：第一，培养学生良好的道德和健康的人格；第二，培养学生的综合智力，包括自主学习能力、思维能力、创新能力、表达能力等，并引导学生获得必要的科学、技术和人文知识，专业知识和专业技能；第三，培养学生运用知识和实践技能的能力；第四，教育学生关注身心发展。

（三）适应学校新环境的需要

从中学升入职业学校后，学生的学习环境、学习内容和社会角色都发生了很大变化。职业学校相当于小社会。当学生开始面对新的环境时，就会出现学习上跟不上、生活上不会照顾自己、财产上不会管理等一系列问题，思想上也会产生困惑和迷茫。如果缺乏自我管理教育，学生很容易陷入生活无目标、学习无欲望的困境。另外，中职学生是 15 ～ 18 岁的青少年，身心发展迅速，精力充沛，但心理不够成熟，容易激动，处于叛逆期。离开了父母的管束，他们的自控能力有待提高，容易出现过度消费、学习自觉性降低等不良现象。因此，从学校层面来说，应引导学生制定自我发展目标，学会如何学习、如何生活，提升学生的自我管理能力。

二、提升学生自我管理能力的策略

（一）加强对学生的多方面培养

1. 提高学生的自我意识

自我意识是指对自己的身心状态、心理特征以及与他人关系等的认识，自我意识对于个人的发展是非常重要的。一个人只有清楚自己是谁、应该做什么，他的行为才会自觉、自律；只有认识到自己的长处和短处，才能扬长避短。归根结底，自我意识可以使人不断进行自我指导、自我总结、自我培养、自我完善和自我超越。事实证明，自我认知可以影响人的价值观和做事效率。因此，学校需要加强对中职学生自我意识的培养。

（1）树立奋斗目标

心理学研究表明，人们通常对自己可能成功的事情和已经成功的事情感兴趣。因此，制定容易实现的目标可以激发学生的主动性和积极性，并逐步推动他们制定更高的目标。通过制定适合自己情况的目标，学生会养成积极的行为态度，做出更令人满意的行为。如果教师在学生实现目标时给予表扬，他们的成就感就会得到满足，学习动机和行为就会增强，自我管理能力也会得到提高。

（2）增强中职学生的自信心

中考的失败会使学生对未来缺乏信心，感到前途渺茫。因此，教师可以通过语言、活动、引导等，唤醒他们内心的"巨人"——自信心，帮助他们发现自己的闪光点、特长和优势，帮助他们全面正确地认识自己、发展自己，让学生在学校里快乐地生活、快乐地学习、快乐地成长。

（3）培养中职学生的责任感和荣誉感

班主任在建设班集体时，要营造民主、和谐、愉快的氛围，保证人人都是班级的主人，让全体学生都承担起班集体的一部分责任，培养学生的责任感。只有这样，学生才会喜欢集体，关注班级荣誉。

2.加强理想信念教育，引导学生合理规划职业生涯

青春期是发展人际关系、学会独立、掌握基本技能、选择合适职业的阶段，是个人发展的关键期。因此学校需要加强理想信念教育，帮助中职学生认识理想信念的价值和意义，还要引导他们了解自己的优缺点、兴趣爱好、性格气质和能力，从而制定明确的学习目标和适合自己的职业生涯规划。

3.加强人际交往指导，搭建平台

部分中职学生由于知识和经验的缺乏，没有充分认识到人际交往的意义，以自我为中心，缺乏人际交往的技巧和信心。学校和班级应组织丰富多彩的活动，为学生提供展示自我和与同学、教师交流的机会。

4.教会学生调节情绪，加强情绪管理

青春期的中职学生自我意识、独立意识和自尊心都很强，但缺乏对心理问题的自我管理，有的学生心理承受能力有待提高，不能很好地调节自己的情绪。因此，教师要教会他们控制情绪的方法（深呼吸、数数、运动等），管理好自己的情绪。

5.加强生活技能的教学，培养学生独立生存的能力

21世纪的学生生活在经济飞速发展的信息时代，物质生活富足，很多学生都是第一次离开家。因此，教师要加强对学生理财、安全、个人卫生等方面的指导，多开展社会实践活动，培养学生解决问题和独立生存的能力。

6.培养学生的进取精神，增强学生的时间观念

学生有了进取心，就会珍惜时间，争分夺秒。要想培养学生的进取精神，教师需要引入竞争机制，树立榜样，激发学生的责任感。

（二）家庭和学校密切合作

家庭教育在中职学生的成长过程中发挥着不可替代的作用。父母在教育延长线上的作用得不到充分发挥，在学生的思想道德教育中便不能更好地支持学校。

学校与家庭密切合作是中职学校做好学生教育工作的重要途径，不仅要坚守原则，善于随机应变，更要注意策略，主动行动，营造良好的沟通氛围，以取得最好的沟通结果。

1.以谦虚的态度，把平等放在第一位

态度是决定事情成败的关键，良好的态度有助于顺利解决问题。人与人能否

顺利沟通，很大程度上取决于双方的态度。因此，良好的态度是与他人交流的根本。作为教师，特别是中职学校教师，在与学生家长沟通时，首先，应该秉持诚实、谦虚、平和的态度；其次，应与家长平等沟通，文明礼貌，尊重家长，维护家长形象。这样，家长既能感受到教师的诚意，又能增强教育自信心，有意识、积极地加强与学校的接触和沟通。

2. 肯定学生的长处，促进家长的合作

在父母眼里，自己的孩子是最可爱的，但也有父母认为，即使孩子犯了严重的错误，也只有自己能教育，不允许别人对其孩子进行教育。因为父母不愿意听别人说自己的孩子不好。因此，与学生家长沟通时，教师不能完全否定学生。首先，教师要肯定学生的长处、优点和整体表现。其次，对学生存在的问题要慎重提出，告诉父母因为孩子还小，在各个方面有不成熟的想法，类似这种问题的出现是很普通的事情，应引导他们认识到自己的错误。教师的理解、宽容，会使家长感受到暖意。最后，教师应告诉学生家长要帮助孩子改正缺点，学校和家庭共同负责，密切配合加强对孩子的教育。

3. 找准对话切入点，促使家长认同

目前部分学校会以学生不听管教为由，要求家长来学校。这个时候，教师如果没有找准话题和切入点，容易影响家长对学校教育的支持度。因此，在与家长交谈时，教师最好避免直接谈论关于学生的，会引起家长不满的一般性话题。教师要想和家长沟通，就要准确把握对话的话题、问题的核心，找准关键点，就事论事，清晰明确，让家长接受自身的观点。只有教师态度诚恳，明确地谈论问题，家长才会认同教师的观点，那么一切问题都会迎刃而解。

4. 避免冲动吵架，冷静沉着应对

在教育学生的过程中，如果遇到冲动而不明事理的家长时，首先，教师必须认识到部分父母不懂得如何教育孩子，不配合学校教育，这是很普遍的现象。其次，教师要有同情心，理智，冷静沉着。当与家长沟通困难时，教师要控制情绪，保持头脑清醒。这时，其实家长也是教师教育的对象，教师应对家长进行耐心细致的说服教育，摆事实、讲道理，用自身的热忱、真诚、爱心、宽广的胸怀感染他们，让他们认识到自己的问题。

（三）加强教师队伍建设

1. 转变教师对学生的管理观念

现代职业教育环境下，教师对待学生的方式和态度主要取决于教师的修养，教师的教学观、学生观不同，其管理观念也会不同。教师对待学生的方式和态度与学生的成长有很大关联。教师要贯彻育人重于教书的理念，重视对学生的培育，时常与学生谈心谈话，引导学生自主学习。中职学校的教师要正确定位自己，清楚知晓自身的工作职责与岗位性质，在现代职业教育理念的指导下，树立正确的管理观念，与学生建立良好的师生关系，调动学生的主观能动性与积极性。

2. 建立专职导师制度

中职学生正处于身心发展的重要阶段。这个阶段的学生需要长身体、长知识、强技能，这就需要教师的特殊指导，以帮助他们在德、智、体、美、劳等各个领域健康成长。教师不仅要引导学生学习和生活，还要帮助他们适应社会生活，发展潜能，为走向社会做好准备。

建立专职导师制度应做好以下几个方面的工作：首先，专职导师应全天跟踪学生的学习和生活，有利于加强对学生的管理。在某种程度上，建立专职导师制度有助于学生在最短的时间内适应新的学习环境，尽快融入新学校，增强他们对学校和教师的认同感。其次，应明确专职导师职位的性质和职能。专职导师有必要引导学生自主学习，进行心理健康教育和思想教育。专职导师要经常联系学生，观察他们的学习情况，正确引导他们，加强思想教育。最后，应该明确教师之间的角色分配，以便参与教学的教师可以专注于教学和课程准备。随着信息的飞速发展和时代的变化，学生管理工作变得越来越复杂，因此必须组建一支专职导师队伍。高素质、高水平的专职导师队伍可以减轻班级教师的教学负担，使他们能够投入更多的教学和研究时间，提高教学水平。

第四节　加强学生职业生涯规划管理

2017 年 11 月，全国人民代表大会常务委员会发布《关于修改〈中华人民共和国会计法〉等十一部法律的决定》，规定从事会计工作不再需要会计资格证书。

取消会计资格证书标志着会计资格时代的结束和会计技能时代的开始，在职培训已成为会计行业发展的趋势。

学生的职业生涯规划包括个人学习计划和未来职业发展计划。目前，企业主要以综合能力作为选择和评估会计人员的标准。中职会计专业的学生必须跟上行业的发展步伐，提升自身的专业技能和职业素养，并制订良好的职业生涯规划。

一、职业生涯规划对中职学生的重要性

（一）帮助学生树立正确的择业观，促进对自我的了解

会计专业学生的职业生涯规划不仅可以让学生正确认识自己，还可以帮助他们确定自己的职业目标。中职学生在选择就业方向时，要根据自身的专业特点来制定自己的就业目标，树立正确的价值观，进行客观的自我评价，突出自己的长处，找到适合自己发展的职业方向。

（二）激发学生学习专业知识的积极性，增强社会竞争力

进入 21 世纪以来，中国市场经济高速发展。随着人民生活水平的提高，中职学生在物质生活方面主要依靠父母，很容易得到满足。进入学校后，学生如果没有足够的意志力，很容易缺乏学习的动力，失去学习的目标。因此，加强对中职学生的职业生涯规划教育将在他们的学习生活中发挥重要作用。

教师应运用科学的理论和方法，帮助学生结合自己的个性、兴趣、价值观和能力制订职业生涯规划，有选择地获取相关的专业知识，参加各种相关的职业培训，充分发挥自己的潜力。毕业后，学生将拥有坚实的专业知识基础和更好的就业能力，这将使他们为激烈的竞争做好准备。

（三）促进中职学生全面发展，提高学生的综合素质

目前，越来越多的企业对当前中职乃至大学毕业生的专业技能不满意，主要由于学生不能灵活地运用所学知识来解决工作中的实际问题，没有体现出"学有所用"。学生没有养成好的学习习惯，不重视培养自己的独立思考能力和实践意识，不积极参与社会实践活动，缺乏将知识运用到现实中的灵活性，最终表现为缺乏实践能力和主观能动性。

另外，我国中职学校现行教育体制和人才培养模式以专业技能为主，以成绩

为主要参数考查学生是否具备专业知识，忽视人才培养模式与市场发展的结合。因此，有必要通过职业生涯规划等课程引导学生充分发挥潜力，使其实现多方面协调发展，提高整体素质。学校还必须根据市场需求引导学生接受专业技能和相关能力的专门培训，以促进学生职业生涯规划的达成。

二、加强会计专业学生职业生涯规划管理工作

（一）为会计专业学生职业生涯规划提供新思路

在职业发展道路上，中职学生必须响应党的号召，通过社会文化、校园文化和企业文化的有机融合，树立正确的人生观、价值观和职业观。

1. 促进三种文化有机融合

中国历来高度重视文化建设。新形势下，更加重视三种文化的有机融合。在社会文化建设中，践行社会主义核心价值观尤为重要；在校园文化建设中，重视引进优秀传统文化，不断对学生进行思想政治教育和职业教育；在企业文化建设中，积极、主动、向上以及追求效率、注重结果的要求对学生的职业生涯规划提出了新的任务。三种文化的有机融合可以加强新形势下职业教育的文化保障，使会计专业学生树立正确的职业价值观。

2. 树立正确的职业价值观

（1）善于抓住机会

会计专业的学生要有高度的敏感性，善于抓住市场机遇。由于会计行业的特殊性，相关法律法规和规章制度每年都在不断变化，会计资格证书取消后，这一新变化似乎更大，深刻影响着整个会计行业的发展。中职会计专业的学生只有在适应这些变化的前提下才能根据市场需求调整职业生涯规划。

（2）不断探索，努力工作

中职会计专业学生在学业和职业生涯中要坚持不懈，永不满足，不断探索和奋斗。对学生来说，所有的会计资格证书似乎都是在专业学习路上取得的阶段性成果。中职会计专业学生应积极参加各种考试，从而不断提高自身的专业能力。

（3）积极克服困难

对于需要在短期内掌握专业技能和取得证书的中职会计学生来说，如何快

速准确地克服困难，非常重要。当会计专业的学生在学习和职业生涯中遇到困难时，必须迅速采取措施，积极面对和解决这些问题，以确保学业和职业发展不受影响。

（二）职业生涯规划贯穿会计专业人才培养的全过程

在产教融合背景下，学校、企业共同提供办学条件、确定培养目标、开发课程体系、制订培养计划等。学校以教师的专业理论教学水平强、教学设施设备完善、专业教学场所集中等优势，着重对学生进行会计专业理论知识的教育；合作企业负责提供具有较强实践能力的会计师和优质的企业校外实践基地，负责对学生会计专业实践能力的培养。因此，要不断完善课程安排，将职业生涯规划课程的内容分成三年进行讲授，从学生认知的角度由浅入深地进行跟踪式培养，将职业生涯规划贯穿始终，提醒学生职业生涯规划的必要性，帮助学生积极主动地在学习实践过程中不断地完善职业生涯规划。

（三）学生要明确自己的职业发展目标

首先，学校在录取新生时，要做好对新生在会计专业和会计职业前景方面的教育，组织认识实习、体验活动，使学生增强对会计专业的直观感受。教师应采用灵活多样的形式，在日常教学过程中培养学生对会计专业的兴趣，以循序渐进的方式组织职业生涯规划课程和职业指导课程，并做好个性化咨询工作，从而使学生明确自身的职业发展方向。

其次，教师应引导学生明确未来职业岗位的职能，将他们获得的专业知识与职业岗位的目标和能力、素质的要求相结合，有意识地为其奠定坚实的基础，系统地引导学生做出正确的职业、就业和创业选择。

再次，建立与劳动力市场相适应的课程体系，课程设计应以学生为导向，并根据专业特点，设置相应的职业生涯规划课程。

最后，根据学生的个体差异，以不同的方式引导他们的学习，帮助他们确定自己的职业定位：当他们即将毕业时，是选择继续深造，还是选择进入社会参加工作，抑或是一边工作一边继续学习；是选择在小企业独当一面，还是选择在大企业某个岗位锻炼提升；是选择按所学专业从事会计工作，还是转行从事其他工作；等等。

（四）提高教师的业务水平

教师在教学过程中，首先要了解学生所学专业对应的职业群，了解会计专业毕业生的职业生涯发展路径。适合中职学生横向发展的职业群主要体现为首次就业时择业面的拓展或今后可能转岗的职业。职业生涯规划课程的任课教师不论是从教好这门课程的需要出发，还是从提高职业生涯规划教育整体实效出发，都要善于调动各方面的积极性，要为学校全面推进职业生涯规划教育当好"参谋"和"协调员"。

此外，学校还可以让有经验的教师组织培训工作，通过多次的培训，提高教师的教学水平，从而充分发挥职业生涯规划教育的作用，促使学生更好地就业。

第八章　产教融合下的中职会计专业教学质量评价

中等职业教育经过连续几年的扩招，在基本实现了与普通高中规模大体相当的目标后，确保教学质量成为巩固扩招成果的关键环节。在不同的历史时期，衡量教学质量高低的评价标准的侧重点是不同的。本章首先对中职学校教学质量评价的相关理论进行了论述，然后分析探索中职会计专业教学质量评价的功能和意义，最后探讨了中职会计专业教学质量评价模式的构建与实施。

第一节　中职学校教学质量评价的理论概述

一、教学质量的内涵

为了定义教学质量，我们首先需要分析一个更高层次的含义——质量。国际标准化组织将质量定义为一组固有特征满足需求的程度。因此，可以将教学质量定义为教育特征满足教育价值主体需求的程度。

在实践中，教学活动作为一个整体存在，在生成过程中离不开教学质量。教学活动通常分为三个部分：教学条件、教学过程、教学成果。教学条件包括课程和教材、学生、教师、管理员、教学设施和设备；教学过程包括教学管理、学生服务、人力资源管理、考试和评估；教学成果包括学生的成绩、掌握的知识与技能、身心的发展和品德的提升。教学质量通过教学条件、教学过程和教学成果来表达。

二、制定教学质量评价标准的依据

中等职业教育的人才培养目标和规格具有很强的时代特征，在不同的历史发展阶段，根据社会和经济的发展实际，中等职业教育也在不断地调整人才培养目标和规格，所以中等职业教育教学质量评价标准也应该随着时代的变化而变化，不存在一个既定的、永恒的评价标准。

《教育部关于制定中等职业学校教学计划的原则意见》对中等职业教育的人才培养目标和规格做了明确规定，从以培养中级技术人员和管理人员为主过渡到培养高素质劳动者，体现了我国社会和经济发展的不同历史时期对中等职业教育培养目标的客观要求。培养目标的实现程度是衡量学校教学质量的最终标准，也是制定教学质量评价标准的基本依据。

三、"以就业为导向"的中等职业教育教学质量评价标准的制定原则

（一）科学性强，突出创新

一是要突出职业教育特色，突出评价观念新、内容新的特点；二是要树立"以能力为本位"的新观念，突出对学生实践能力和职业技能的培养。

（二）导向性强，立足于导

一是要把握办学方向，引导学校根据社会发展需要调整专业设置和人才培养目标，切实将教学工作置于学校管理工作的中心位置；二是要突出教学改革主线，对办学模式、教学管理制度等改革任务均有明确要求；三是要兼顾发展性，既要有学校办学的基本标准，又要有职教现代化的较高标准，为学校的发展指明方向，激励学校努力奋进。

（三）可操作性强，简捷易行

一是指标条目的设置尽量做到去繁取简、避虚就实，只设置针对性强的、具体的、可量化的、易操作的评价指标条目；二是定性与定量相结合，考核指标内涵的设定应能准确描述教师教学质量特征，定性指标便于观察，定量指标便于度量，指标权重分配尽量合理；三是重视实事求是，根据相关法律法规调整和完善特定内容，实事求是地评价。

（四）外在性强，社会认可

一是中职学校的教学管理和教学过程应该与行业、企业保持密切联系，以社会需要为推动力，组织教学内容，设计教学过程，深化教学改革；二是建立多元评价体系，广泛吸纳行业专家、毕业生、用人单位等社会各方面参与评价，从不同角度评价学校的教育目标是否实现、教学运行过程是否合理和教学效果能否满

足社会用工需要，通过多元评价促进学校不断改进措施、完善制度，适应社会发展和经济建设需求，从而促进教学质量的提高。

第二节　中职会计专业教学质量评价的功能和意义

一、教学质量评价的功能

根据教育综合评价法，中职会计专业教学质量评价是围绕会计专业教学活动而开展的，是为会计专业服务的，主要是向中职会计专业学生、教师和整个会计专业教学系统反馈会计专业教学情况，评价的结果可以作为今后教学改进的依据和方向，更好地促进学生学习质量和教师教学水平的提高，实现教师和学生的全面发展。同时，能够促使中职学校会计专业教学条件的改善和教学管理措施的改革，最终实现中职会计专业整体教学质量的提升。

教学质量评价的功能是对学校的整体质量进行评估，并根据评价活动提供的信息做出不同层次的教育决策。产教融合下的中职会计专业教学质量评价更注重导向、反馈、整改、激励和管理五大功能。

（一）导向功能

教学质量评价指标在一定程度上为师生的日常教学提供了方向和总体目标，在教育工作中起着主导作用。总体上可以看出，社会的教育观、质量观、人才观对教育目标的确定有着直接的影响，教育目标是制定教育目的的依据，教学质量评价标准也要以教育目标为依据。此外，在教学过程中，教学质量评价指标体系中应强调哪些观点，也将集中体现在这些观点的评价指标上。因此，教学质量评价基本上是通过社会共同遵循和认可的教育原则、质量原则和人才原则来引导和制约被评价者的发展方向。

（二）反馈功能

教学质量评价通过反馈师生教学活动的信息，及时指导和调整教师的教育活动和学生的学习活动，提高师生教学活动的有效性。评价活动可以对教学质量进行诊断和测量，教学诊断后得到的信息可以通过教学诊断信息平台快速、准确地反馈给学校各相关部门和教师。这样就可以对教育过程进行实时有效的管理和监督，确保学校最终目标的实现。会计专业教育应更加重视反馈信息，培养出紧跟时代步伐的实用型会计人才，满足企业的用人需求。

（三）整改功能

在中职学校会计专业教学质量评估反馈信息的基础上，中职学校各级负责人和会计系主任等应立即着手解决会计专业教育存在的问题；会计专业教师应根据当前会计专业教育情况，从教学模式、教学方法、教学内容等方面进行改进，提高教学质量；会计专业学生应在学校规章制度的约束下，自我监督学习情况，改进自己的学习行为。

（四）激励功能

激励功能是指教学质量评价对被评价者的工作态度和动机起到激发作用。教学质量评价包括两种：一种是正面评价，肯定被评价者的优点，使其产生成就感和自信心，从而更加努力地提高教学质量。另一种是负面评价，对被评价者具有一定的打击和鞭策作用。但是负面评价在一定程度上具有激发被评价者的竞争意识，使其昂扬斗志、奋起直追的作用。所以说只要评价指标体系和评价方法合理，两种评价方式对不同被评价者都可以起到激励作用。

（五）管理功能

教师要借助教学质量评价这把"尺子"衡量自己的教学质量。教学质量评价可以为教育管理者改进工作提供信息，为人事工作提供更可靠的依据，如对教学人员进行评级、分类等，还可以为领导提高教学质量的决策和改进措施提供依据。

二、教学质量评价的意义

产教融合的人才培养模式以职业导向为主，以学生为主体，利用校内外教育资源，在学校教育的基础上将亲身体验教育形式有机结合。在实施产教融合模式的过程中，学生要结合对理论知识和实践技能的学习，实现教授、学习与实践的有机结合。

在实施产教融合模式的过程中，我们必须始终把提高教学质量摆在发展的前列。坚持质量第一原则，综合管理教学质量是市场经济体制下中等职业教育可持续发展的根本保证。中职学校教学质量的高低决定学校的生存和发展，完善的教学质量管理体系是保证产教融合模式持续推进的重要条件。

质量评价是职业教育教学质量管理领域的重要任务。评价一般是系统地收集数据，通过各种措施，按照一定的评价标准进行科学的衡量和判断的过程。中职学校的教学质量评价可以由各级教育行政主管部门、职业教育机构、社会组织特别是企业和用人单位进行。教学质量评价是一种以教学过程和教学质量为重点的特殊评价形式，涵盖中职学校教学活动的几乎所有内容，是检验教学效果、评价人才培养水平、促进教学活动可持续发展的重要手段。

在产教融合框架下，中职学校会计专业教学质量评价的重要性主要体现在以下三个方面。

首先，从学生发展的角度充分评价教学质量，使学生及时了解和掌握自我发展的基本情况，并根据目标调整学习过程。对评价结果快速、恰当的反馈可以激励学生，激发其学习兴趣和动机。在一定程度上，评价也是一种竞争，能使学生之间形成有利的竞争关系，促进学生相互交流、共同努力、共同发展。

其次，从学校管理和决策的角度进行有效的教学质量评价，有助于为中职学校管理者和教师提供基本的数据信息，使其更好地了解教学管理的基本环境，从而做出教学管理决策。通过有效的教学质量评价，教师和决策者可以识别教学管理过程中存在的问题，促进教学管理方法和程序的科学实施，消除管理过程的盲目性。

最后，从社会发展的角度进行有效的教学质量评价，必须以社会对人才的需求为导向，充分整合当前和未来社会发展对会计人才的要求。教学质量评价可以加强职业学校与社会的联系，不断优化人才培养模式。

第三节　中职会计专业教学质量评价模式的构建与实施

一、教学质量评价模式存在的问题

虽然我国近几年的产教融合人才培养模式已经取得了很大成就，部分地区和学校也积累了大量的理论与实践经验，构建了多种可供推广的模式，但是在企业参与教学质量评价的过程中还存在着一些不尽合理之处亟须解决。第一，产教融合模式在组织管理上比较混乱。部分学校遵循传统的教学模式，没有建立有效的质量管理和控制体系，使学校和企业之间的合作模式成为一种形式。此外，组织学习过程既不科学也不合理。产教融合的教育形式比较灵活，实践和学习相互交织，因此应有科学的设计和安排，并加强实践和理论的联系，相互促进。第二，产教融合没有实时的流程管理和监督。由于产教融合模式下的学生在实习期间主要活动区域为企业，部分学校在指导和评价学生的学习方面存在困难，完成简单化的最终评价往往不利于学生的整体发展。

开展产教融合的部分中职学校尚未建立有效的教学质量评价体系，部分评价概念和评价方法仍强调传统的试卷考试以及对学生的筛选和甄别。部分学校的科学评价体系有待完善，评价方法相对落后，缺乏有效性和可信度，部分评价无法真正有效地反映教育效果和管理质量。

另外，产教融合模式的质量评价体系依然存在与社会需求脱节的问题。在当前职业教育蓬勃发展的背景下，以服务为宗旨、以就业为导向的教育已经成为全社会的共识，但实际上，教学质量评价主要集中在是否掌握理论知识上，而对学生实践技能的快速动态评价体系尚未建立。评价体系和社会需求之间存在一定差距，不能充分认识和把握学生的发展，更不能为学生的发展提供建设性意见和指导。

此外，产教融合下的教学质量评价模式没有因学生发展水平和教育管理水平的提高而实现有机结合，评价功能没有充分发挥。

二、会计专业教学质量评价模式的构建原则

（一）过程性评价与结果性评价相结合的原则

对职业学校教师的教学质量进行评价，通常在学期结束时开展，并且周期长、效率低，侧重于评价教师专业能力的最终评价和结果性评价。过程性评价是基于专业技能的开放式评价，侧重于整个教学过程。根据教学目标，可以将专业技能分为多个模块，整个评价过程的持续时间不限于一个学期和一个学年，而是根据专业技能的实际内容决定。关于过程性评价与结果性评价相结合的评价方法的应用，不仅要考虑到专业技术的逐步发展，还要具有明确的导向性。

（二）定性评价与定量评价相结合的原则

定性评价是对评价对象的地位和性质的判断，强调属性方面；定量评价是对评价主体的数据分析和比较，侧重于量化方面。一般来说，定量评价有利于数据处理，有助于提高评价的准确性和公平性，避免任意性，在一定程度上能够满足教育需要，主要用于筛选和决策。定性评价有助于评价一个人的心理感受和情感体验，强调客观性和公正性。定性评价与定量评价相结合的原则可以使评价更加

科学、客观、公正，提高评价效率，促进学校与企业的融合，使两者有机联系和互补。

（三）规范评价与创新评价相结合的原则

规范评价要求学校制定评价标准，以改进教学质量评价计划，谨慎部署和调整评价过程。中职学校应该科学及时地得出评价结果，以提高教学质量。因此，规范评价是对教学过程和结果按标准进行评价，对提高教学质量起到重要作用。但是，随着职业教育模式的不断创新，教学质量评价理念、评价方法、评价要素、评价标准也在不断更新。规范评价与创新评价相结合的原则能够使中职学校的教学质量评价在教育改革、建设和管理方面追求创新，实现教育教学的可持续发展。

（四）全面评价与重点评价相结合的原则

全面评价是对影响和决定教学质量的各种因素、教学工作的各种指标以及学习过程的不同部分进行全面、适当的评价，具有从不同角度充分反映评价内容的综合特征。重点评价是指评价主体的一些要素，如具有鲜明特征的个人优势和项目特性。全面评价与重点评价相结合的原则可以反映学校教育工作的整体情况，强调优先事项。

（五）学校评价、企业评价与社会评价相结合的原则

针对教学质量，不同的评价主体有不同的评价内容和重点。学校评价是指学校内部评价系统，如专家评价、监测组评价、教师评价、学生评价等。建立企业评价体系是保证教学质量、寻求企业支持的有效途径。企业参与评价能够使学生得到用人单位的认可和指导，并根据专业标准的要求得到合理的评价。社会评价是指政府、社会、家长对人才培养质量的评价。遵循学校评价、企业评价与社会评价相结合的原则，共同制定合理的教学质量评价体系和人才培养体系，能够有效地体现学校教学水平，使中职学校的教学质量得到合理的评价，这种评价方法同样能得到企业和社会的认可。

三、教学质量评价模式的构建过程

在构建教学质量评价模式的过程中，应从目标、过程和结果三个方面充分理解产教融合。在评价和实施方面，必须建立以中职学校为核心的综合自我评价体系，各级教育行政部门和社会广泛参与，如图8-1所示。在这种评价模式中，教

师和管理者是学校教学质量的主要评价主体，企业是社会层面的主要评价主体。学生评价包括学生的个人自我评价和同学之间的相互评价。以下将对该教学质量评价模式做进一步的分析和说明。

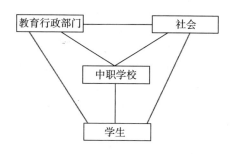

图 8-1 产教融合教学质量评价模式构建示意图

就目标而言，在实施中职学校教学质量评价的过程中，合作学校应始终坚持以目标为导向的人才培养模式。职业教育要走服务型、就业导向和科学相结合的道路，不断培养优秀人才，为构建社会主义和谐社会做出贡献。因此，构建合作学校的教学质量评价模式，必须着力提高社会服务水平和教育服务水平，培养高素质、高技能的学生。

在教学质量评价过程中开展产教融合的中职学校要根据评价目标实施一系列的程序。第一，中职学校要设立专门的评价和管理机构，明确各自的责任和实施程序。第二，制订初步评价计划，必要时进行初步评价，以验证计划和评价工具。第三，对该过程的实施进行正式评价。正式评价应准备评价工具，如问卷、开发文件、反映培训和管理现状的其他文件。

在进行特定评价时，应召开评价专家会议，对相关数据和事实进行报告和分析。产教融合教学质量评价结果的报告与分析是评价过程的继续和深化，是整个评价活动的重要内容。评价结果处理阶段的主要任务是对以前收集的资料和事实进行分类、分析、验证和反馈。此时，专家应根据评价标准对主题进行定性或定量评价，根据基础数据和事实分析诊断问题，并将相关结果传达给教育管理者、教师、学生、家长、企业和其他利益相关者。对评价结果的反馈可以采取书面、座谈会、简报会等多种形式。在反馈过程中要特别注意评价的激励功能，从而促进评价对象的发展。另外，为了进一步加强教学管理，必须进行评价记录，并保存相关文件、数据和摘要。

四、教学质量评价的实施策略

（一）加强评价主体多元化

教师应在产教融合框架下转变教学质量评价观念，把握产教融合模式的特点，充分融入社会需求，促进和引导学生全面发展。现有中职学校的考核评价主要停留在学生的知识水平上，未来应该以能力为导向，评价的重点应该是培养学生的能力，提高学校的管理水平。转变考核理念是完善产教融合教学质量评价模式的前提，是实施教学质量评价的基础。

要将学校和企业之间的合作特征纳入学校和企业的教育模式，使评价主体更加多元。多元化的评价主体对学生的发展和教育管理水平具有重要影响，还能够使学校全面了解教学过程中存在的问题。传统的评价模式强调教师对学生的测试，教师是唯一的评价者，学生是主要被评价者。在学校教育模式深化改革的过程中，要树立以学生为中心的教育新理念。在评价过程中，需要构建由专业教师和学校管理者、教育行政部门、用人单位、学生和家长组成的评价网络。

（二）建立产教融合长效机制

在产教融合背景下，为了保证人才评价与教学质量评价的有效科学联系，需要建立产教融合长效机制。在这一方面，学校和企业要充分考虑自身的特点，密切合作，充分尊重教育规则。

1. 组建机构

学校成立由行业专家、学校领导和就业部门领导组成的评价委员会，负责组织和管理整个学校的评价，解决具体评价中出现的主要问题。评价委员会能够为评价提供宏观指导，在评价过程中不存在偏见，从而在专业层面更好地完成评价。

2. 人员选拔

在评价过程中，学校教师和企业人员必须熟悉企业管理的技术要求和规定，对学校的教育规定也要有详尽的了解。学校教师拥有丰富的专业知识，熟悉教学规则，但可能不了解企业的情况，他们的实践能力可能相对薄弱；企业人员熟悉企业的工作，有很强的技能，但可能不熟悉学校的培训规则。因此，企业人员和学校教师必须一起组成评价小组。对学校而言，要优先考虑专业骨干教师，增加监督室、实训处、教务处等方面的管理人员；对企业而言，需要选择有兼职经验、参加过学校和企业之间的合作项目、对职业教育充满热情的员工并进行相关培训，保证其在教学质量评价水平方面能够满足要求。

3. 评价标准

评价标准由学校和企业共同制定，确保教学质量评价更接近企业标准和行业标准。在评价非专业技能时，要满足企业的要求，确定正确的教育方向，明确目标，避免盲目地培养人才。

4. 评价方案

在教育活动的开展中，评价教学质量是一个难点，且评价教学质量在学校和企业不同参与者的影响下可以说更加复杂。因此，学校和企业必须共同制定评价方案并进行项目评价，以确保评价的秩序和效率。

5. 评价信息共享

在双主体职业教育中，活动评价也应以共同的方式进行。在这种情况下，通过共享评估信息，在降低信息成本的基础上充分利用评估结果，可以取得积极成果，提高教学质量。

（三）建立教学质量评价反馈机制

目前，大多数中职学校建立了教学质量评价系统，但部分学校只重视评价的形式和结果，在评价过程中获得的信息没有得到及时的反馈。为了充分发挥会计专业教学质量评价的效果，中职学校必须建立及时有效的教学质量评价反馈机制。

1. 建立学生评价反馈制度

学生评价反馈组由每个班级推荐的学生干部组成，并定期从每个班级收集反馈。收集的信息主要包括教育管理情况、教师教育情况和学生学习情况等。

2. 建立教师评价反馈制度

会计教研组要掌握整体的教学质量，动态掌握教育管理和教学中存在的问题，通过教研组活动、简报会等加强业务交流，从而提高会计专业教学质量。

3. 系部成立教学质量评价小组

教学质量评价小组应为每个教师创建工作档案，记录和存储每位教师的评价结果，动态分析每位教师的教育情况，将评价结果与所有教师的平均成绩进行比较，并在评价过程中鼓励教师提高教学质量。

建立和完善会计专业教学质量评价反馈机制，能够使全体教职工明确自身教育工作的优势与不足。中职学校负责人可以充分了解教师的整体水平，使其改善和提高教学质量。总之，建立和有效实施教学质量评价反馈机制，可以进一步提高中等职业教育会计专业的整体教学质量。

第九章 产教融合下的中职会计专业实训基地建设

实训基地是实践学习的主要场所,加强实训基地建设是职业教育成功的关键,对建设产业强国、促进就业平等、促进社会和谐发展具有重要意义。一般来说,中职学校的实践训练能够提高学生的整体能力,特别是实践能力。通过企业实践培养,中职学生可以迅速融入社会,满足社会对专业技术人才的要求,适应企业发展模式,从而在步入职场后迅速进入工作状态。

会计教育通过实践训练提升学生的实践能力具有一定的难度。对于其他技术专业,通过模仿工厂和车间的氛围,学生可以直接掌握技术、提高实力。会计专业的学生可以在学校学习基本技术,甚至进入模拟学习环境,但学校的学习环境与实际工作情况和环境大不相同,学生的学习过程与实际工作有很大差异。在此背景下,中职学校建设的实训基地可以有效模拟企业的实际工作环境,解决会计专业学生的实践培训与实际工作之间存在差距的问题。

第一节 会计专业实训基地相关概述

一、实训基地的概念

总的来说,实训基地是指学生学习理论知识和应用技术技能的实践场所。它能够促进理论与实践有机结合,也是企业与科学研究相结合的学习形式的基础。实训基地是中职学校进行实践训练,提高学生实践能力的重要平台。

实训基地分为校内实训基地和校外实训基地两种。校内实训基地是指在学校内设立工厂,培养学生的技术应用能力,进行实践学习和模拟实习;校外实训基地不仅包括学校本身，还包括与学校合作的企业等用人单位。因此，校外实训基地是指学校、企业合作建立的实习实训场所，利用企业的生产和经营资源培养学生的专业技能。

二、实训基地的功能

（一）专业实践教学功能

职业教育的目的是培养合格的掌握专业技能的人才。实践学习对中职会计专业学生来说非常重要，能够使学生在学校学习期间接触到新的行业技术。因此，专业实践教学功能应成为实训基地的核心功能。实训基地必须满足职业教育的要求，以发展学生的基本技能、模拟操作能力和综合技能。

（二）产学研训相结合的功能

中职学校的发展离不开科学研究。科学研究是提高办学质量、树立学校形象、增强办学实力不可或缺的因素，是中职学校发展的内在动力。实训基地建设要体现科研功能，为教师提供良好的科研环境。实训基地不仅要有优秀的科研基地和先进的仪器设备，还要有利于科研发展的管理体系。具有产学研训相结合的功能的实训基地，不仅是企业人才培养和学生技术能力提高的平台，而且是高水平的职业教育课外学习基地，为学生创造了良好的实践环境。

（三）对外技术服务功能

通过提供对外技术服务，中职学校在获得收入的同时提高了声誉和社会地位。通过提供对外技术服务，还可以促进中职学校教师的专业发展，从而丰富其专业知识，提高其专业技能和教学能力。在对外技术服务的协同下，学校和企业之间的关系将越来越密切，社会对人才的需求可以及时反映出来。学校应根据这一信息调整教育教学方向，使职业教育改革更及时、更准确，更好地为社会发展服务。因此，实训基地要建立对外技术服务的管理体系和机制，充分利用自身的资源，提供有效的对外技术服务。

（四）"双师型"教师素质的培训功能

"双师型"教师是指具有职业学校的教学经验和相关行业企业的实际工作经验，具备一定的实践能力的教师。中职学校的一个突出特点是要为学生传授最新的实用技术，因此学生需要更高水平的教师。职业教育教师拥有较高的专业实践能力，是学校建设和教育改革的关键。实训基地能够使教师在实践基础上进行训练，提高自身的实践技能。

三、实训基地的作用

（一）实训基地是中职学校联结社会与企业的纽带

我国职业教育的现状表明，中职学校特别是校外实训基地建设能够有力地加强企业和学校的联合建设。中职学校与企业共建和合营可以节省投资，从而在学校资金有限的情况下实现高起点开始、低成本运营、高效率管理，有助于实现校企之间互补优势、共享资源。通过校企共建实训基地，校企之间的联系与合作得到了极大加强，有助于跟上市场的技术发展步伐。通过产教融合，企业专家加入学校职业指导委员会，为学校提供职业培训的咨询和指导，制订和调整职业培训计划，将职业建设融入社会产业背景，大大提高了职业培训的可行性和适应性。

（二）实训基地是培养"双师型"教师的重要载体

实践表明，教师是中职学校实训基地建设和管理的主要力量。实训基地的建设和管理过程不仅是展示教师才能和智慧的过程，也是培养和提高教师实践能力的过程，是培养"双师型"教师的有效途径。此外，中职学校在与企业进行在职培训和合作的过程中，可以培养和发现一批生产一线的工程技术人员，并扩充学校的教育团队，包括兼职教师。这些兼职教师了解行业或专业领域的基本技术要求和前沿趋势，能够在教学过程中应用实践知识，将理论与实践联系起来，取得最佳教学成果。

（三）实训基地是中职学校学生发展的重要载体

1.为学生提供将知识转化为能力的场所

知识是能力的基础。人们的知识和能力在工作中相互影响，且需要有一个知识向能力转化的过程。职业教育实训基地提供理论与实践相结合的实践训练场所，使学生能够将知识转化为职业能力。

2.拓宽学生的专业知识面

中职教师无法在教室里完全教授技能型人才需要的知识和技能，特别是在实践的不同阶段需要掌握的专业知识和应用技术。因此，需要基于实践的综合技术教育拓宽学生的专业知识面。

3. 创造职业岗位的真实实践环境

职业岗位知识和技术是职业教育培养的应用型人才必须具备的。为了提升学生分析问题和解决问题的能力，实训基地为学生创造了真实的实践学习环境，使学生能够独立进行业务核算和管理，熟悉企业内部工作流程。此外，还能够缩短学生就业与上岗的适应时间，做到"零距离"上岗。

4. 接触与学习高新技术

当今社会，高新技术产业迅速发展，学生只有理解和掌握最新技术，才能在激烈的市场竞争中满足社会和产业发展的需要。这不仅需要学校追赶企业的技术发展步伐，还需要使学生能够接触和学习高新技术，从而有实质性的能力提升。

5. 培养创业精神和创新能力

现代职业教育强调学生创业精神和创新能力的发展。学生通过参与企业供产销业务核算、银行结算、纳税申报、对外报表编制等一系列实践教学，培养创业精神和实践技能，激发创造性和创新思维，从而把创新能力应用到具体工作中。

6. 提高职业素质和综合能力

实训基地可以培养学生的专业素质、团结合作精神等，为学生今后的工作和发展做好铺垫。

7. 有助于促进学生顺利就业

校企合作共建实训基地，能够让学生在真实的环境下训练，根据企业的要求开展最真实的实训项目，最大限度地提高学生的专业素质，满足企业的人才需求。只有学校和企业建立牢固的合作关系，企业才能长期接收合作学校的学生，实现对口培养。学生职业素质的增强和职业化培养有利于促进学生顺利就业。

四、实训基地的建设原则

（一）实用性原则

实训基地要以发展适应能力为主线，增加反映现代高科技和现代社会发展前沿的设计实习，减少试点实习。通过学习，学生可以掌握当前的生产技术、技术标准和业务管理规则。这一原则要求中职学校在建设实训基地时，实训基地的结构和布局必须适用于本专业的实践需要，能够提高学生的职业能力。实训基地应配备先进技术装备，超前于当前的行业或专业水平，但是不可脱离现实造成资源浪费。

（二）真实性原则

中职学校应在真正的生产和服务环境中使学生掌握专业技术，具备职业道德。因此，实训基地要充分反映生产现场的特点，使实训成为实际的工作过程，帮助学生发展自己的专业技术和实践能力。中职学校应根据职业培训目标，地区、产业、经济和社会发展的需要，确定和调整学校的专业，全面规划学校的实训基地建设。

（三）开放性原则

实训基地建设要充分发挥共享辐射的功能，以社会和市场需求为导向，以新理念、新制度、新机制、新模式为基础，设计基础设施项目，构建产教融合、公众参与的新模式，形成政府投资、多渠道融资、经营运作的新融资机制，符合市场规律。实训基地要从环境和整体设计的角度向社会开放，还要建立与社会的无缝沟通渠道，使学校的教学基础与社会经济发展紧密相连，成为对外交流的窗口和对外服务的基础。

（四）适度超前原则

实训基地的基础设施和设备要适度领先于技术发展。设备应能够显示技术应用的行业趋势，反映近年来的高科技手段，使学生获得满足未来技术发展需求的知识和技术。实训基地应根据职业教育的特点，结合地区和行业的技术现状和发展趋势，及时更新教学设备，提高现代仪器的科技含量。

（五）重点原则

实训基地建设是中职学校教育基础设施高水平的投资项目，需要大量资金。学校应充分利用有限的资源，最大限度地降低成本，尽可能使教育基础与多学科综合教育相适应。基地建设要有计划、有步骤地进行，并随着时间的推移而发展。不同地区、不同类型的中职学校应根据地区和学校的实际情况，探索不同模式的实训基地建设。实训基地建设的重点要交给学校的教学骨干和带头人，确保建设高水平和高质量的实训基地。

（六）通用性原则

实训基地是培养合格人才的地方，也是职业教育教师的培训中心；是开发、应用和传播先进技术的基础，也是支持继续教育、职业培训，提供相关教育服务的基础。为了充分利用教育设施、设备、教师、行政人员等多种资源，实训基地有必要提供全面的跨学科技术培训。如此，学生不仅可以掌握该专业的基本技能和能力，还可以通过实践教育熟悉和理解与该专业相关的技能和技术。

（七）软硬件相配套原则

无论是在学校还是在校外建设实训基地，都需要硬件和软件的支持。硬件建设是指实训基地的设施设备建设；软件建设是指实训基地的师资力量、管理模式和实践教学体系的构建，包括管理体制、管理模式和管理方法的创新，教学体系的构建和教学组织管理的创新等。

五、中职会计专业实训基地的建设要求

中职会计专业实训基地可以根据不同的标准分类。例如，根据地点分类，可以分为校内实训基地和校外实训基地；根据投资者主体分类，可以分为学校本身的实训基地和共同建设的实训基地；等等。但是，无论何种类型的中职会计专业实训基地，都必须强调实训基地的特征并满足以下要求。

（一）情境真实

根据情境学习理论，学习者主要由现实驱动。因此，在中职会计专业实训基地建设中，应尽可能做到三个方面的情境真实：一是学习环境的真实。例如，会计实践场所可模拟真实的环境，以类似税收和银行服务的模拟服务为基础。二是教材的真实。例如，学生使用的会计资料，如原始凭证（发票、收据等）、记账凭证、会计报表等必须尽可能接近实际。三是岗位设置的真实。例如，根据会计领域的基本业务规则，会计实训可以设置会计负责人（会计主管人员）、出纳等职位。这些职位可以按岗位牵制制度设置为一人一岗、一人多岗或多人一岗。应用会计电算化系统的企业通常会设立基本会计职位和电算化会计职位，这些职位可以与基本会计职位相结合。通过这三个方面真实情境的互动，可以更好地调动学生的学习积极性。

（二）实操锻炼

校内会计实训基地应根据真实的会计工作环境和工作标准，提供各种真实的会计核算资料，模拟企业的实际经济运行，进行会计凭证准备、账簿登记、报表编制与分析、会计资料收集整理等一系列会计工作。通过专业会计技能的实践，学生必须具备验证、记录、测量、报告和分析等会计技能。此外，实训基地还应在手工会计模拟实习的基础上提供各种会计信息平台的在职培训。学生需要在平

台上输入原始数据，编制会计凭证，自动记录分类账，生成会计报告，根据实习的相关会计数据进行分析，准备财务报表，最终将所有会计数据打包成一个文件，完成整个综合培训。校外会计实训基地必须满足学生对岗位实习的要求，为其提供更高水平和更完整的培训。

（三）考虑全面性

会计专业实训基地不仅要培养学生的会计专业技能，而且要培养学生的语言技能、人文能力、信息处理能力、组织能力和专业判断力。通过模拟实训，学生必须掌握会计师事务所的业务流程，以便会计教师和学生直接进入企业展示个人才能。

第二节　会计专业实训基地的类型

一、实训基地的类型分析

职业教育作为一种注重实践、产教融合的教育形式，旨在为学生提供专业技能和知识，帮助他们适应企业需求和市场变化，从而提高其就业竞争力。近年来，随着人工智能、大数据等新技术的普及和应用，职业教育也面临着新的挑战和机遇，需要不断更新教学内容和方法，以培养更具实践能力和创新精神的职业人才。在这一背景下，建设职业教育实训基地成为重要的举措。由于观察的角度、实训基地的归属权、服务专业的属性、培养目标等的不同，实训基地分为多种类型。

（一）校内实训基地

校内实训基地是中职学生发展的重要场所。在我国的职业教育中，只有经过校内实际技能训练、能够掌握特定技能的学生，才能在企业担任特定职位。

按照专业建设实训基地是中职学校实训基地的一种建设方法。这种建设方法是以专业要求为基础的。学校负责实习实训的职能部门应负责指导和协调教学计划，这种管理模式的优点是可以充分利用学习资源。作为校内实训基地的一种，实训工厂不仅可以为学生提供实践训练，还可以将生产和学习结合起来。学校要结合实际，根据经济社会发展和市场需求建设实训工厂，提高教学效率。

（二）校外实训基地

校外实训基地指除了校内实训基地之外的实训基地，包括公共实训基地、校际共建实训基地、校企共建实训基地和企业实训基地等。

1. 公共实训基地

公共实训基地由政府赞助，一般建立在城市中心地区。政府为了共享资源，建设公共实训基地。建设公共实训基地，能够解决人才培养资金不足、服务评价水平低的问题，加强地区人才队伍建设。政府建设的公共实训基地应坚持全面规划、合理布局、先进技术和资源共享的目标和原则。

2. 校际共建实训基地

校际共建实训基地是中职学校共同建设的实训基地。校际共建实训基地是一条值得推广的道路，能够发挥互补优势。实际上，校际共建实训基地建设不仅可以保证资源共享，建立实训基地品牌，还可以实现各中职学校的价值。

3. 校企共建实训基地

校企共建实训基地是指学校和企业共同建设的实训基地。学校和企业共同建设可以是政府指定的组合、学校和企业之间的独立合作组合、业界协调下的组合或其他类型的教育组合。

4. 企业实训基地

企业实训基地是指企业独立建设的实训基地。企业实训基地能够发挥多种功能，培养企业职员的技能。

二、会计专业实训基地的类型分析

（一）会计仿真实训基地

会计仿真实训基地是指校企合作建设的虚拟会计模拟实训中心，引入综合仿真实训平台，模拟制造企业、商业企业、物流企业、服务企业等。会计仿真实训基地以产业链为主线，构建完善的商业模式，反映现代商业社会不同行业和规模的企业的典型商业模式，让学生体验产业链和企业部门之间的多维商业过程。同时，出纳实务、财务会计、成本会计、人力资源、银行实务和其他经济管理专业与企业和外部服务（如税务、工业、贸易）有机地联系在一起。通过多种商业模式和职业情景模拟，学生可以感受到真实的企业环境，从而更快地适应工作。

在会计仿真实训基地中，学生应根据模拟企业会计数据和实际会计工作的要求，利用会计基本理论、基本知识和基本技术，实际操作模拟企业会计的各种业务流程。在这一过程中，学生可以掌握专业知识，提高专业素质，熟悉会计工作中必须遵守的各项财务法规，培养业务能力，为今后从事会计工作打下坚实的基础。

中职会计仿真实训基地建设要以就业为导向，积极服务于经济社会发展，为中职学校校会计培训提供服务，并且要参考其他学校会计专业的社会培训和专业教育，完善实训基地和硬件环境建设。首先，要把会计仿真实训基地变成学生的实践基地，促进课堂学习和实践学习的有机结合。其次，要把会计仿真实训基地变成研究和创新基地，成为师生广泛学习和创新的基础以及全面开放的技术中心。

会计仿真实训基地的运作必须以任务为基础。通过将相关知识分解为实际任务，教师在做中教，学生在做中学，从而让学生掌握实践任务的相关知识，增强会计应用能力。

（二）经营性实训基地

中职学校可以采取与企业或政府结合的方式，在校园内建设经营性实训基地，通过产品生产、技术开发等为社会提供服务，获得经济效益。实际上，在这一过程中，学生可以提高他们的专业技能，发展职业道德。在校内经营性实训基地的实践教育中，学校必须让学生感受到实际生产环境、实际生产任务、实际企业管理和实际市场评价标准。因此，整个经营性实训教育必须实现经济效益以及理论与实践的高度统一。

然而，经营性实训基地的弊端在于给予学生的自由度更高，学生犯错误、走弯路的机会也更多。如何解决这一问题，是学校在建设经营性实训基地的过程中必须思考的问题。

第三节　中职会计专业实训基地建设

职业教育的最终目标是培养符合社会发展当前需求的应用型人才。因此，教育改革将传统的教育模式转变为现代的教育模式。教师要将理论与实践相结合，使学生在学习理论知识的同时提高实践技能，真正成为应用型人才，更好地满足社会发展的要求。现在部分中职学校不能满足理论学习的要求，硬件和软件工具落后于行业的发展。这些问题无疑是应用型人才培养的瓶颈，为了应对这种情况，中职学校必须充分重视校内外的基础设施建设，在此基础上开展高质量的实践教育，从而提高学生的训练质量和就业竞争力。

一、中职会计专业实训基地建设存在的问题

（一）基础设施不够先进

部分学校在实训基地建设上本着够用的原则，没有超前的意识，导致部分设备在 2～3 年前就已经过时了。为了让实训基地更好地、更长久地为校企提供服务，学校在购置设备时应考虑设备的实用性和先进性，在保证够用、实用的基础上，尽可能地配备当前最先进的技术设备。但是，由于学校资金不足，目前一些中职学校的实训基地设备配置不完整，无法很好地为教学服务。

（二）师资队伍素质有待提高

教师队伍建设是实训基地建设的重要任务之一。然而，目前部分中职学校会计专业教师的实践学习机会不足，大部分是从高校毕业后直接进入学校任职，高技能、有实践经验的"双师型"教师很少；而企业有实践经验的导师学历水平较低、整体理论素质有待提高，在一定程度上限制了实践教学的效果。

二、建设中职会计专业实训基地的思路

（一）建设校内会计专业实训基地的基本思路

我国中职学校校内会计专业实训基地的建设应借鉴德国职业教育的经验，以"改善现有、提高质量、保持特色、追求一流"为原则，将自主、先进、具有代表性的技术有机融入现代会计平台软件的应用实践中。校内会计专业实训基地建设应完全按照理论与实践相结合的教学方法布局，实现专业理论与专业实践的有机结合。

结合现有的基础、特点和区域经济的服务要求，建设校内会计专业实训基地的基本要求如下。

第一，校内会计专业实训基地建设要以改进现有会计专业实训基地、提高质量、保持特色、追求一流为基础。保持学校现有会计专业实训基地建设特色，理论与实践相结合，硬件建设与先进职业教育理念相结合，将学生的职业道德、专业素质、核心能力融入实践教学，为企业提供满足其要求的毕业生。

第二，要扩大校内会计专业实训基地规模，注重先进设备、核心软件的应用，不断提高教学与技术服务能力，使学生能够满足企业生产技术发展的需要。

第三，将会计师事务所相关工作引入现有会计专业实训基地，建设具有先进职业教育特色和理念的培训工厂，逐步将培训组织形式转变为圆桌会议和"六角式"组织形式，促进先进培训方法的引进。

第四，依托校内会计专业实训基地设备和人力优势，通过网络将学校、会计师事务所、企业三方有机整合，实现三级管理体系，将真实的业务融入实训。

第五，探索多渠道、多元化、多样化的校内会计专业实训基地建设模式。学校提供场地，企业投入资金、设备、技术或人员，学校与企业联合加强校内会计专业实训基地建设。

（二）建设校外会计专业实训基地的基本思路

1. 建设校外会计专业实训基地应注意的问题

中职学校校外会计专业实训基地建设以满足专业需求为主，突出教学过程的开放性、实用性和专业性，全面实现学生在校学习、实习、实践工作的一致性，保证学生的实习时间不少于半年。

第一，制订合理的教学计划，保证学生到校外会计专业实训基地进行实习实践时，已掌握基本专业核心技能，从而提高实践效果和参与能力。

第二，利用学校的专业优势和教师团队，为企业提供免费的专业咨询和服务，依托学校强大的技术服务能力和行业企业的影响力，加强校外会计专业实训基地建设，实现互利共赢。

第三，积极为企业宣传产品，通过学校增强企业的影响力。同时，学校应利用组织信息和资源优势，为企业提供技术信息和技术资料。

第四，积极开展订单培训。学校应根据企业订单开设专业课程，一方面规范培训内容，使培训内容符合企业要求；另一方面将校内教育与校外教育有机结合。

第五，加强学生校外实习管理，教育学生保守商业秘密，维护企业利益。学校应继续强化学校通信员或企业联络员制度，监管学生校外实习全过程。

第六，加强与校外实习单位的合作。学校应成立专业建设指导委员会，引进校外实训基地的技术专家，负责会计专业实训基地的教育，加强现场指导，使企业在与学生不断交流的过程中了解学校和学生，逐步增强与学校和学生的感情。

2. 建设校外会计专业实训基地的思路

利用学校和社会两种不同的教育资源，让企业参与到中等职业教育中，是当前和未来职业教育改革发展的必然趋势。教育部明确指出，中等职业教育机构要与企业密切配合，校企合作改善实训基地条件，积极探索校企合作新模式，建设生产性实训基地。

工学结合是解决校外会计专业实训基地运作问题的途径之一，学校和企业应为工学结合创造教育环境，树立以人为本的校企合作理念，努力实现互利共赢。

三、中职会计专业实训基地的建设方法

（一）加强实训教材建设

目前部分学校的教材是没有进行更新的，教材上的信息与实际工作相矛盾，容易误导学生。因此，在编写教材时，不可与现有的法规制度脱节，要根据会计岗位的实际需要，结合现有教材的合理内容，探索、思考和构建各种会计岗位从业人员所需的专业知识和技能。教材内容要以培养学生的专业能力和创新能力为重点，根据具体情况，开发和推广与生产实践和技术应用密切相关的综合教材。

同时，为了使学生能够将学到的理论应用于实践，必须在拥有坚实理论知识和丰富经验的会计专家的参与下编写教材，使学生的学习不偏离实践，不成为作业的副本。另外，实践教学的内容和形式必须根据专业理论知识的更新和教育目标的变化进行调整，不能一成不变。学校要考虑学生的学习目标和特点，重点编写、修订实用教材。

（二）加强校内会计专业实训基地建设

由于行业的特殊性，企业财务部门分工明确，机密性高。因此，部分企业无法接受学生半工半读式就业。即使企业接受这种形式，每个企业接收的人数也非常少。因此，对于会计专业，虽然学校与近百家企业有联系，但开展工学结合培训是不现实的，必须重视校内会计专业实训基地建设。一方面要改善校园的实践学习环境，合理组织学习，有计划地开展会计实践活动，让学生在实践中熟悉企业核算的全过程；另一方面要不断改革教学方法，提高实践训练的效果。

（三）加强校外会计专业实训基地建设

中职学校会计专业教育不仅要在校内环境中模仿实践，还要为学生建立比较完善的校外会计专业实训基地。通过在校外会计专业实训基地的实践，学生可以加强对会计职务和会计工作流程的认识，提高实用技术水平。一方面，在建设校外会计专业实习基地时，学校要注意选择财务咨询公司、代理会计师事务所、会计师事务所等合适的企业；另一方面，学校要充分发挥教师、家长、学生的力量，共同推进校外会计专业实训基地建设，帮助会计专业学生获取更多的实习机会。

第十章　产教融合下的中职会计专业人才培养体系

随着我国市场经济的快速发展，社会对各级会计人才的需求越来越强烈，但我国现有的会计专业人才培养体系已经不能满足市场的需要，构建长期的会计专业人才培养体系是当务之急。一方面，目前我国会计专业人才培养体系存在一定缺陷和不足，教育体制有待健全；另一方面，缺乏科学性的会计人员教育制度导致各类等级的会计人员分布不均，市场对初级会计人员的需求大于供给，未来高级会计人员之间的差距将进一步扩大。随着网络的普及和经济全球化的发展，会计教育将不断改革与创新。

第一节　会计专业人才培养体系的重要性及构成要素

一、会计专业人才培养体系的重要性

研究会计专业人才培养体系，对于平衡会计供求关系、解决各级会计人员就业问题起到关键作用，对中国经济的快速发展和社会稳定具有重要意义。随着经济全球化的深入，中国的跨国公司和民营企业进一步发展。同时，随着科技的发展和互联网的进步，企业在市场上的竞争越来越激烈，对会计人员的数量和质量均提出了更高的要求。

国际会计师事务所的涌入加大了中国会计行业的竞争压力，但其成熟和高质量的会计服务可以促进我国会计专业人才培养体系的完善，为提高中国会计服务行业的整体实力和竞争力起到重要作用。

当前，我国会计专业人才培养体系的任务是平衡初级、中级、高级会计人才的比例，适应社会经济发展的需要。

二、会计专业人才培养体系的构成要素

从人才培养过程管理的角度看，会计专业人才培养体系的构成要素包括以下五个方面。

（一）目标系统：人才培养质量标准

中职学校人才培养质量标准是根据国家质量要求、地方发展要求和本校发展的实际情况制定的，一般由学校人才培养方案规定。人才培养质量标准是教学质量保障体系的一部分，在实践中形成了标准制定—实施标准—实施反馈—改进标准的循环过程。因此，中职学校要不断检验标准的适用性，提高教育教学质量。

（二）资源保障系统：课程建设、师资力量、经费投入和教学条件

中职学校要想提高人才培养质量，需要各种资源的支持和保障。课程建设和师资力量关系到学生能力的发展，因此学校应开设具有个性和地域特色的课程，使教师在教学中获得实践经验，提高学生的学习主动性、实践能力和就业能力。另外，教育资金的投入和教学条件的改善，可以为中职学校会计专业人才培养提供更好的资源支持，保证教学的顺利进行。

（三）运行管理系统：校、系、专业三级联动

负责课程专业设置、教学设计、教学内容的校、系、专业是中职学校教学过程中的主体，三者的管理在教学中起到非常重要的作用。在深化中等职业教育的改革中，政府职能有所变化，中职学校的自主权扩大，在人才培养方面采取了一系列管理措施。与此同时，一些中职学校还将办学权力逐步下放给院系，以此来提高人才培养质量，院系在人才培养中的作用越来越重要。

（四）监督系统：教育督导和教学检查

教育督导是指聘用具有丰富教学经验或管理经验的教师和管理人员，作为教育监察人员对青年教师的课堂教学进行督导，指导青年教师改进教学方法，提高教学能力，从而提高学校教学质量。教学检查主要检查教学过程，包括教师的教学方法、学生的课堂状态和教学氛围等。这两种方式确保了教学质量，保证了整个体系的有效运行。

（五）反馈改进系统：内部信息诊断和外部评价反馈

中职学校教学评价是保证教学质量的主要途径，也是保证培训质量的重要途径。中职学校应通过建设反馈改进系统来评估培训、考试和测试的情况，以及培训的质量和有效性。外部评价包括政府评价、当地企业评价、毕业生评价和当地媒体评价。这些评价对改善中职学校培训计划有积极影响。内部信息诊断和外部评价反馈是规范和完善中职会计专业人才培养体系的主要方式，也是实现这一体系目标、促进教学质量提高的重要环节。

第二节　中职会计专业人才培养体系的构建

一、中职会计专业人才培养体系的构建原则

中职会计专业人才培养体系的构建原则应包括科学性原则、全过程原则、全员参与原则和持续改进原则四个方面。

（一）科学性原则

参与教育的各方应制定科学的质量标准，包括制定切合实际的教育目标，确保满足资金、教师队伍等方面的要求。

（二）全过程原则

学校应从质量管理的角度监督学生培训的整个过程。学校应评价和改进课程体系、教学模式等，发展学生的专业知识和实践能力；在学生就业阶段进行适当的就业指导和校企互动，确保有效的教育输出；通过对学习过程的有效评价、对学生就业的支持等，确保整个课程的教学质量。

（三）全员参与原则

人才培养保障体系由两部分组成：内部保障体系，包括学生、学校、教师和教育管理；外部保障体系，包括政府、企业、行业组织、学生家长等。在培训过程中，需要政府的财政支持、第三方评估机构的专业评估、培训管理者的监督以及学生的评价等。通过多方参与，改善中职学校人才培养方面的不足，从根本上提高中职学校的人才培养质量。

（四）持续改进原则

人才培养体系是一个周期性的过程，一个周期需要完成多个教育任务。周期结束后，中职学校应从人才培养方面入手反思该课程存在的问题，结合学校的实际情况，完善人才培养计划，制定新的人才培养目标并开始实施。通过多个周期，不断优化教育计划，提高教育教学质量，满足社会发展的需要，提高学校的声誉。

二、中职会计专业人才培养体系的构建思路

（一）教育理念

教育理念与人才培养方向密切相关，对整个中职会计专业人才培养体系的构建具有指导意义。在会计专业人才培养领域，应重视三个方面：一是人才培养原则符合市场需求；二是人才培养原则与产业发展相结合；三是人才培养遵循产学研有机结合的原则。

在中国，当前学校的会计教育可以说效果较为理想。最引人注目的是，无论是中职学校还是高等教育机构，会计专业几乎都是全面开设的。会计可以说是无处不在，但同时带来了一定问题，会计专业学生的培训水平常常无法满足市场的需要。因此，我国中职学校必须转变教育理念，适应时代的变化。

首先，要确立符合会计市场需求导向的会计教育目标，不仅注重学历，更注重对实用会计技能和业务能力的培养，同时提高学生的专业技能。为了实现这一目标，企业和学校必须架起桥梁，不断沟通以获取反馈。唯有通过这种方式，才能制定适合社会需要的会计教育目标。

其次，要把会计专业学生的培训与产业发展相结合。对会计人员的素质要求因行业而异，因此，学校应根据自身的地理位置和行业发展提供部分选修课，重点是根据学生的行业偏好设置课程。

最后，会计专业学生的培训内容要丰富，教授会计实用技术势在必行，因为一些会计专业学生在未来可能从事科研工作。因此，中职学校和企业必须遵循产学研结合原则，实现对会计人才的共同培养。

（二）基本思路

学校是培养会计人才的主要阵地，我们要从多层次、多方面培养各级会计人员，提高对会计专业学生的培训效率。为此，中职学校必须明确自己的培育方向，

调整课程，引进先进的教学方法和工具。中职学校要重视对会计专业学生的培训，使他们具备基本的会计专业技能，迅速适应基本会计岗位的要求。

在构建教育体系时，学校还必须调整课程，特别注意理论和实践的结合。一方面，在设置理论知识课程时，重点是教授学生会计、财务管理、纳税实务等方面的知识；另一方面，学校要充分整合校内外的实践，要有职业课程的基础知识培训和企业实习，加强校企合作。

另外，会计专业应改变传统的以教师为中心的教学方式，培养学生的课堂参与意识，在开展小组竞争、主题讨论、角色扮演等活动的同时，充分利用现代教学方法，如任务驱动法、案例分析法、小组合作探究法、自主学习法等。

（三）培养目标

在新时代，会计专业人才培养体系的建设和完善不仅要严格遵循"以学生为中心""做中学、做中教"的教学理念，还要紧跟时代变迁的步伐。会计教育的培养目标是会计专业的初级、中级和高级人员的比例与市场需求保持平衡。培养初级会计专业人员的中职学校应致力于培养学生的实用会计技能，以满足中小企业对基本会计职位的要求。

（四）培养过程

中职学校可以根据学生的喜好编制教材、设计教室、设置课程等，这样不同水平的学生都可以学到一些东西。例如，对于有就业倾向的学生，可以努力开发工作所需的技能课程；对于选择继续学习的学生，可以设置高级教育课程、实习课程，以满足学生的学习需要。

此外，职业道德教育在会计专业学生的培训过程中也至关重要。因此，在会计专业学生的培训过程中，学校应加强对学生的思想政治教育和职业道德教育，引导学生树立正确的人生观和价值观。教师应通过案例分析和讨论，使学生提前了解会计行业可能出现的伦理问题和伦理困境，引导学生进行分析，找到合理的解决方案。

三、产教融合下的中职会计专业人才培养体系构建对策

（一）转变校企双方的观念

目前，中职学校和企业的合作大部分是积极的，但企业的主动性相对缺乏，这主要是由于存在观念上的差异。毫无疑问，企业始终以生存和利润最大化为首

要目标。部分企业没有充分认识到学校和企业之间合作的重要性，或者存在误解。部分企业认为人才培养是学校的责任，与企业并无直接联系，参与人才培养会增加企业的负担，妨碍企业追求利益。这种传统观念强烈地影响了企业参与校企合作的动机。部分学校认为只有通过课堂教学才能培养人才。由于传统观念的差异，部分企业与学校合作存在被动性。

找到学校与企业观念的交汇点，即为社会服务，才能共同为社会培养优秀人才。企业要认识到人才培养是企业必须承担的责任和义务，企业有责任在人才培养过程中直接反映行业对人才的要求，获得企业满意的人才。此外，企业还可以通过校企合作获得更多的技术服务和其他好处。中职学校也要认识到，培养符合社会需求的人才需要企业的帮助。中职学校通过与企业合作，不仅可以降低人才培养成本，而且可以为学生提供完全真实的实践环境和场地，任何模拟培训都难以取代。因此，企业和中职学校都必须转变传统观念，认识到人才培养是双方共同的责任。

（二）制订注重学习效能的教学计划

有效的教学计划是提高教学质量的重要基础。根据基于技术发展的"三段式"（基本认知阶段、专业模拟阶段、企业实践工作阶段）会计学习模式，教学项目必须根据学生的学习成果进行设计。

基本认知阶段应在第一学期组织开展，学习模式以课堂学习为基础，可以采取实地考察、课堂教学、研讨会等形式，学习地点主要是教室、礼堂、企业。教育组织可以结合学生人数、网站利用率、网站访问条件、学校资源等因素，将学生分成A、B、C组等，按顺序学习各种材料，提高教学效果，达到最大限度利用资源的目的。

专业模拟阶段应在第二学期阶段组织开展，教学内容主要以课程项目为主。培训项目可以分为多个模块，每个模块都要围绕特定的工作内容而设计。课程内容要整合，所有业务内容和企业财务流程要完整建模，运营和数据要密切相关。教师可以根据任务分组，教授课程也可以轮流组织。

企业实践工作阶段应安排在最后一年，使学生通过在职实习感受企业和机构的实际工作环境。在这种环境下，学生能够学会与他人合作，主动获取和积累信息，识别问题，总结经验。中职学校应当与企业和机构建立长期的合作关系，为学生创造体验式实践环境，并提供更多的就业机会。

（三）注重监督评价机制

为了保证教学质量，学校应当设立教学和管理监督机构，动态监督课程的实施。教学实施组织由各中职学校组成，参与制订具体教学计划，指导具体实施、检查、监测、反馈等。还应建立由行业、企业、学校、社会机构和家长组成的开放的教学评价机构，制定人才培养评价标准，对人才培养质量进行全面的评价。对人才培养质量的评价应该包括对教师教学质量的评价、对学生学习效果的评价、对毕业生水平的评价以及家长满意度评价四个方面。

具体而言包括：①逐步完善教师教学质量评价标准，全面客观地评价教学质量。②完善评价学生学习效果的标准，摒弃传统的基于单一考试结果的评价方法，注重过程评价。现有的基于单一测试结果的评价方法将被抛弃，过程评价将被强调，包括学习成果、实践成果、社会实践和技能评估等方面。③毕业生水平最终体现人才培养质量。要想评价毕业生的水平，应该制定一个全面的毕业生水平评价标准。主要内容包括毕业生是否符合社会需求、毕业生是否为市场所需要、毕业生就业率是否达标、毕业生收入如何、用人单位对毕业生的信任度、毕业生的社会地位等。④中职学校通过家长的反馈和评价，可以进一步完善教学质量标准，使教学质量标准更有针对性、更加完善。

（四）加强会计师资队伍培训

教师是教育的第一资源，是学生学习的动力源泉，是提高教学质量的重要保证。加强对会计专业教师的培训可以从以下几个方面入手。

1. 岗前培训

应重点对新教师进行岗前指导，包括中职学校的管理体制、当前市场对会计人才的需求、专业教育管理与教学方法、会计专业模式创新与学校特色、教学设计与学生个性等。

2. 个人培训计划

教师每年必须接受由学校组织的强制性培训。培训内容一方面必须包括对会计人员的专业培训，以跟上会计法规和政策的变化；另一方面必须根据其专业技能发展的要求进行特定领域的财务教育。

3. 国内外专业发展

学校应组织会计教师到国内外知名高校、企业（公司）或研究机构参加各种形式的研究培训、企业管理论坛、财经研讨会等，从而为教师提供更多的促进其专业发展的机会。

4. 企业实践活动

学校应鼓励和协助会计专业教师研究企业财务管理项目和方案，参与校企合作中的项目分析和经济咨询，作为兼职顾问和咨询专家协助企业经营决策，并在企业兼职管理职位。

5. 参与教学计划的设计

所有会计专业教师都应参与教学计划的设计和制订，或参与现有教学计划的修改，不断提高专业创新能力，从而适应当前会计管理活动的需要。

（五）建立继续教育体系

对会计专业学生的培训不是一朝一夕的事，需要注重连续性。因此，需要建立会计专业学生的继续教育体系，注重学生的再培训。

第一，需要加强对会计专业学生的实践培训。除了建立良好的教育体系，对会计专业学生进行新的业务知识和税务知识教育之外，还需要加强会计职业道德教育，要求会计专业学生遵守准则，客观公正，敢于直面违反财经纪律的行为。

第二，随着会计政策法规的不断变化，会计继续教育制度也需要不断完善，使会计专业学生入职后能够继续学习，不断提高。然而，现行的会计继续教育制度有待完善，部分会计专业学生的继续教育流于形式。因此，首先需要相关部门对会计继续教育进行立法，制定并实施相应的法律法规，为继续教育的具体实施提供保障。其次，需要建立会计继续教育的评价机制，不同层次的会计人员需要经过不同形式的评价，如可以对初级、中级会计人员采用闭卷考核的形式，可以对高级会计人员采用年度考核的形式。最后，要丰富会计继续教育的形式，不局限于统一的形式，要根据会计人员的层次、接受能力等选择教育形式，如集中授课和网络教育、完成会计相关课题研究、发表会计相关学术论文、参加继续教育证书评审等，都可以纳入继续教育的范围。

第三，建立会计人才库，详细记录每一位会计人才的成长过程和实践经验，结合人才的有效开发和利用，在实践中检验人才的技能水平，有针对性地为人才发展提供更好的指导和培训服务。会计专业学生的后续培训要依靠学校和企业的合作，加强区域间人才队伍的交流与互动，为后续培训起到辐射和导向作用。在实践中，会计专业学生借助后续培训可以更快、更有效地发现自己的不足，提高专业技能和服务水平。

随着我国社会经济的发展，市场对会计人才的需求越来越大，但部分会计专业毕业生就业困难，导致会计人才过剩。造成这种局面的原因有三：一是青年会计人才过剩；二是会计管理人员过剩；三是会计人才失衡。针对现行会计教育体制的弊端和缺陷，中职学校必须明确教育目标，端正教育观念，完善教育过程，逐步建立系统、全面、科学的会计教育体系，以适应社会对会计人才的需求。

第十一章　产教融合下的中职会计专业人才培养展望

在新一代信息技术的推动下，会计工作在未来发展中将发生重大变化。一方面，目前大部分企业都已改用会计处理系统，减少了会计人员的工作量，降低了对会计人员的需求，为会计职能的转变提供了动力。另一方面，中职学校会计专业的目的是为企业和社会机构输送合格的会计人员。因此，中职学校在开展培训活动时，应牢记这一目标，努力提升办学水平、改进教学思路，为社会输送会计人才。

第一节　中职会计专业人才培养目标、原则及思路

一、中职会计专业人才培养目标

传统学校教育培养的学生在专业知识上占有很大优势，但能在较短时间内适应生产工作的学生才是每一个企业迫切需要的。因此，一种新的培养技能型人才的方式便应运而生——校企合作。

校企合作人才培养目标应由学校和企业共同制定。企业应将未来发展对员工的需要反映到人才培养中，以制定准确的人才培养目标。中职学校教育学生的主要目标是使他们掌握相关技能，并将这些技能应用到未来的工作中。学校是培养学生能力的土壤，并且能够使学生通过职业培训形成自己的能力取向。因此，无论社会如何发展，现代信息技术如何更新，都不能忽视市场对人才的需求。就会计专业而言，培养的学生不仅要懂得本专业的基本原理，还要熟悉财经法规和计算机技术，具有较高的会计专业水平。

二、中职会计专业人才培养原则

中职学校应以促进经济建设为宗旨，顺应企业和劳动力市场对会计专业人才的需求，建立多元化的教育机制，通过具有综合性、针对性的实训活动，帮助学生积累实际工作经验，全面提高学生的职业道德、综合素质和专业能力。中职会计专业人才培养应遵循以下原则。

（一）结合市场需要，明确人才培养目标

中职学校应以会计分析和人才市场分析、生源分析和培养条件分析、用人单位对毕业生的满意度和学生的可持续发展能力为重要管理标准，以适应性和发展联动性为原则，培养适合不同行业、不同企业相应会计工作的中高级会计专业人才。

（二）以综合素质为基础，提高学生的综合职业能力

中职学校要加大行业分析、职业分析和职业能力分析的力度，制定以技术应用能力和工作过程技能为支撑的职业能力培养方案，加强实践教学环节，以提高学生的综合职业能力为重点，以完善人格为目标，使学生具备高尚的职业道德、严格的职业纪律、广博的职业知识和娴熟的职业技术，成为生产和经营服务第一线急需的、具有较高职业素质的专业人才。

（三）坚持以社会和企业需求为导向的教育理念

中职学校要把满足社会和企业的需求作为课程开发的出发点，提高会计专业教学的针对性和适用性，研究建立符合社会和企业需求的培养机制，明确培养范围，开发"学用结合"的课程，突出对学生实践能力的培养。

（四）明确行业技术发展方向，体现教学内容的前瞻性和适应性

会计专业应密切关注行业新知识、新技术、新方法的发展趋势，通过校企合作等形式，及时更新课程设置和教学内容，克服内容陈旧、更新缓慢、片面强调学制完整性、不适应行业需求等弊端。教师还需要在教学过程中融入学习专业知识的方法，并强化学生的创新意识，这样学生才能适应行业技术发展的现实需要。

（五）以学生为中心，体现学校教育的学术性和灵活性

学校应根据学生的认知水平、知识、技能、经验和兴趣，为每个学生提供

就业市场所需的模块化教育资源和专业发展机会；努力确保教师和学生在教学内容、教学组织、课程评价等方面有选择和创新的机会，开发开放式课程体系，满足学生的个性化发展需求；通过灵活的模块化课程结构和学分管理制度，满足学生多样化的职业需求，提高学生的职业竞争力。

三、产教融合下中职会计专业人才培养思路

（一）多元化的人才培养模式

会计是财经类的传统专业之一，学生在接受教育的过程中，除了要完成多门财经类的基础课程之外，还应该完成会计专业的专业课程。因此，教师在培养专业人才时，要从不同的角度入手，将财经类的优势学科与工商管理类学科进行整合，提高资源的利用效率，这对会计专业未来的发展有着积极的影响。另外，中职学校必须了解学生未来的职业规划，对会计岗位进行调研，分析岗位的核心竞争力，制定合理的人才培养方案。

（二）树立科学的人才培养理念

在信息技术飞速发展的今天，会计人才要想适应现代社会和企业的需要，必须进行终身学习。教师需要在培训时对会计专业进行深入的分析，树立科学的人才培养理念，这样培养出来的学生才能更好地适应课程的学习。

（三）理论与实践相结合

所有的学习都是为了积累实践经验，而会计专业的实践要求非常高，需要学生对经济生活有全面的了解。教师依靠教科书来讲解大部分科目，结果学生往往只能一知半解或死记硬背某些知识点，这使会计专业逐渐成为一门枯燥乏味的专业。因此，会计专业教师应将理论与实践相结合，更好地促进对会计专业人才的培养。

（四）加强"双师型"师资队伍的建设

在现代社会，对中职学校学生的第一要求是专业技能。因此，高校会计专业教师在教育学生之前，必须掌握会计专业技能。在企业与学校的合作过程中，企业应努力为会计专业教师提供实践的机会。通过校企合作，专业教师可以了解企业的工作流程、生产设施，更充分地指导学生的学习和实践。

（五）共建共享校企教育资源

中职学校应积极探索和宣传企业与学校融合的人才培养模式，了解企业和市场的需求，建立企业与学校协调、合作以及专家联合培训、资源共享等平台。企业应为中职学校建立实习平台，成为技术、研发、人才培养等领域合作的基地。双方应共同打造校企合作、互利共赢的综合平台。同时，企业和学校之间的这种合作教育可以结合各自的优势，共同培养企业和社会需要的人才，这对企业和学校的教育机制以及社会公共利益具有重要意义。

资源共享包括学校和企业共建实践教室。企业出资购入先进设备和技术，中职学校利用自身的设施和师资，实现资源共享。通过共建实验室，学校和企业可以将学生的学习和员工的培训相结合，实现优势互补，节约资源。校企可根据培训内容和培训对象的不同，共建不同层次的实验室。

如今，许多中职学校仍在努力打造一个完整的实践教学平台。如果学校仅依靠相对陈旧的实践设备或模仿真实的工作环境，学生就很难满足企业的实际需求。因此，共建共享教育资源是一种双赢模式，通过有偿技术培训服务和实训设备资源的交换，将社会各界联系起来，实现资源共享。对企业来说，技术是重要的生命线，优质的人力资源在提高产品质量、生产效率、设备使用和维护效率等方面都起到一定的作用。因此，共建共享教育资源可以合理解决设备使用、企业人员培训等诸多问题。

第二节　中职会计专业人才培养建议

一、完善课程体系设置

中等职业教育应以培养学生的技术和专业素质为目标。中职学校应提供基于企业实际需要的会计课程。在与企业合作的基础上，中职学校要充分了解会计专业的特点和会计职业的实际需求，构建与会计专业能力相适应的教育体系，努力培养学生的专业能力。

二、提高基础教学质量

如今，越来越多的中职学校开始注重实践教育。实践教育固然重要，但学校更要重视基础学科教学，因为学好这些学科是胜任所有工作的前提，不打好基础，学生将来就业就会吃亏。因此，学校需要建立和完善相应的课程体系，以培养高素质人才为目标，提高基础教学质量，结合当前的就业形势和行业动态开设相应的课程，充分利用不同的教育手段提高学生对会计知识的应用能力。

三、强化专业实训

（一）推进专业实训的课程改革

实训教学是根据实训教材进行的，实训教材的内容直接关系到实训教学能否顺利实施。近年来，我国中职学校不断发展，但在教材的选择上还不够明智，有的学校照搬本科学校的教材，没有考虑到职业教育的实际情况；也有一些学校不能与时俱进，选择了过时的教材。因此，中职学校亟须编写适应中职学校特点、与时俱进的新教材。此外，中职学校要紧紧围绕本校的特点，将学生教育与行业发展紧密结合，与企业合作，共同编写实用教材，在课堂教学中最大限度地利用现代信息技术对学生进行素质教育，进一步提高学生的学习效率，推进专业实训的课程改革。另外，由于会计专业涵盖的学科范围较广，教师在备课过程中应注意整合审计、税务、数学等相关专业的知识内容。

（二）加强实践教学

现代社会对人才的要求很高，综合应用型人才备受青睐，这类人才一般具有专业性高、实践能力强、环境适应能力强等特点。为了培养出能够更好地满足社会需求的人才，学校在教学过程中必须重视实践教学，弥补理论教学的不足。实践教学可以让学生理解理论知识，掌握具体的应用技能，更好地满足专业需求，从而顺利融入社会。为此，学校必须努力做到：①加强配套设施建设，满足教师授课需要；②加强与企事业单位的交流与合作，给学生提供更多的实习机会。另外，中职学校还应多开展校企合作，这样既有利于人才培养，也有利于提高教师素质。通过校外实习，学生可以将理论知识与实际工作相结合，解决问题，为将来走上工作岗位打下基础。

（三）提升实习的有效性

1. 提高实习单位的规模和档次

作为实习组织者，学校应充分利用自身资源，联系大企业为学生提供实习岗位，尽早与企业代表沟通实习目的和要求，提高实习单位的规模和档次。

2. 合理安排实习时间

研究发现，学生对学校安排的实习时间不满意主要有两个原因：一是实习时间往往不稳定，取决于实习企业的情况；二是实习时间与重要的考试时间相冲突。因此，中职学校应合理调整实习时间，给学生留出逐步适应和缓冲的时间，不要把实习周期定得太短，可以利用寒暑假以短时间的形式组织学生实习，让学生最大限度地利用假期，不耽误备考时间。

3. 重视专业实践技能的传授

会计是实践性强于理论性的专业，学校需要重视专业实践技能的传授，加大教学设备的投入力度，建设规范的校内会计教育基础设施。此外，会计专业教师需要积极学习新知识、新方法，学校可以选派会计专业教师和学生一起到实习企业进行实习，这样不仅有助于教学活动更高效地开展，也有助于营造良好的学术氛围。

四、培养综合素质

随着社会的发展以及科学技术的进步，企业所需的人力资源类型也在发生变化，从最初只注重应聘者的专业技能，到现在越来越注重应聘者的综合素质。在这种情况下，提高中职会计专业学生的综合素质具有现实意义。学生的综合素质反映了教育的质量和深度，也是社会和谐发展的一个因素。调查显示，用人单位更看重学生的职业素养、团队精神等综合素质。因此，中职学校应加强对学生的职业培训，提高他们的综合素质，使他们具备先进的专业技能和良好的个人品质，为他们更好地为社会做贡献打下良好的基础。

现如今，校企合作还不够成熟，国家、社会、学校、企业应通过共同努力，探索出校企在会计领域合作的新思路，构建校企在会计领域专业人才培养上的合作新方式，充分利用社会资源实现优势互补，达成双赢的局面，力争为中国会计行业的发展做出贡献。

参考文献

［1］薛喜民. 高等职业技术教育理论与实践［M］. 上海：复旦大学出版社，2000.

［2］姜大源. 当代德国职业教育主流教学思想研究：理论、实践与创新［M］. 北京：清华大学出版社，2007.

［3］黄才华，郭国侠. 职业教育教学研究与实践［M］. 北京：电子工业出版社，2011.

［4］李心，王乐夫. 深化产教融合校企合作 推动中职教育创新发展［M］. 广州：暨南大学出版社，2008.

［5］谭家德，谭敏. 中职教育内涵发展理论与实践研究：人才培养视角［M］. 成都：电子科技大学出版社，2010.

［6］危英. 互联网时代会计教学改革的创新策略研究［M］. 成都：电子科技大学出版社，2017.

［7］邵瑞庆. 会计教学法研究：课程·模式·理念［M］. 上海：立信会计出版社，2007.

［8］张晖. 会计专业教学法［M］. 北京：北京大学出版社，2017.

［9］谢朝阳. 企业参与下高职经管类专业教学模式研究［M］. 长春：吉林人民出版社，2016.

［10］严水荷. 中职会计策论［M］. 杭州：浙江大学出版社，2017.

［11］邓文博，吴春尚，姜庆，等. 高职经管类专业人才培养模式的研究与实践［M］. 广州：华南理工大学出版社，2017.

［12］刘中华. 基础会计教学实践［M］. 成都：电子科技大学出版社，2015.

［13］王淑文. "职业导向，形式多元"教学模式研究［M］. 北京：北京理工大学出版社，2013.

［14］田秀萍. 职业教育资源论［M］. 北京：光明日报出版社，2010.

［15］王永春．职业教育教学改革与探索［M］．北京：中国书籍出版社，2006．

［16］郭苏华，隋明．职业教育产学结合实践研究［M］．上海：上海财经大学出版社，2009．

［17］景艳丽．中专学校会计专业实践教学模式的分析与研究［J］．中国校外教育，2020（11）：134-135．

［18］李绍福．中职职业生涯规划教育与校企合作办学模式的共生性研究［J］．试题与研究，2020（9）：57-58．

［19］邹坤源．中职学校学生职业生涯规划教育现状与路径分析［J］．西部素质教育，2017，3（2）：100．

［20］徐媛．中职学校会计技能教学质量评价体系研究［J］．中国市场，2015（10）：199-202．

［21］白秉旭．中职校仿真实训基地建设的实践与探索［J］．科技信息，2012（16）：229-231．

［22］潘章斌．中职经营性实训基地建设的实践与探索［J］．科教文汇，2013（3）：135．

［23］连小娜．中职会计专业学生职业素养培养研究［J］．河南农业，2015（8）：43-44．

［24］罗昌金，张丽珍．中职会计专业校企合作有效途径的探索［J］．现代职业教育，2018（11）：164-165．

［25］刘颖．中职会计专业实践教学中的问题及对策研究［J］．广东教育（职教版），2021（7）：99-100．

［26］陈静．中职会计专业人才培养模式思考：基于校企合作模式下［J］．佳木斯职业学院学报，2018（2）：21．

［27］邹燕，李晓虹．中职会计专业"校企合作、工学结合"人才培养模式的研究［J］．启迪（教育教学版），2019（4）：14-15．

［28］梁玉环．校企合作共建中职会计专业人才培养模式探讨［J］．现代经济信息，2018（3）：414．

［29］何蓉．试述中职学校如何培养会计专业学生职业能力［J］．课程教育研究，2017（7）：140．

［30］于桂莉．零距离对接的校企双主体中职会计专业理实一体化教学模式的研究与实践［J］．现代职业教育，2019（35）：302-303．

［31］孔月华. 教育信息化背景下中职会计专业学生职业能力培养实践研究
［J］. 职业，2019（22）：76-77.

［32］朱丽. 基于企业真实环境下校企合作课程开发研究［J］. 江西化工，2020
（4）：112-115.

［33］于曦瑶. 国外职业教育办学模式研究综述［J］. 世界职业技术教育，2013
（6）：11-14.

［34］靳雪芳，沈秀霞. 产教融合背景下职业院校会计专业课程体系建设
［J］. 河南农业，2021（27）：22-24.

［35］刘海霞，张继河. 不同主导实体视角下国外职业教育集团化办学的典型
模式及经验借鉴［J］. 教育与职业，2017（1）：37-41.

［36］刘迅，何梦琪，张庆. 思政嵌入高校会计专业课程的路径探究［J］. 学
校党建与思想教育，2023（4）：55-57.

［37］金春华，吕晓敏，王晖. 智能会计专业人才培养体系的构建与实践：
基于全国336所高校的调查分析［J］. 中国大学教学，2022（11）：
17-22.

［38］董红杰，谢香兵. 数智化会计专业硕士人才培养课程体系建设研究
［J］. 财会通讯，2022（15）：171-176.

［39］徐严华. 课程思政视角下的会计专业学生诚信素养培育［J］. 财务与会计，
2022（15）：71.

［40］袁庆. 粤港澳大湾区会计服务行业融合发展实践探索［J］. 中国注册
会计师，2022（5）：68-73.

［41］王宇佳. 当代高职院校的会计教育教学改革［J］. 山西财经大学学报，
2022，44（S1）：155-157.

［42］李琼，闫佳. 基于现代学徒制的会计专业"一链五维"育人模式探究：
以S校为例［J］. 职业技术教育，2022，43（2）：18-21.

［43］黄清泉. 扩招背景下面向新型学习者的教学质量保障行动策略探究：以
高职会计专业为例［J］. 中国职业技术教育，2021（32）：84-90.

［44］韩建清，李秀丽，陆玉梅. 职业院校会计专业现代学徒制的构建研究
［J］. 财会通讯，2021（21）：168-172.

［45］汤健，周璘睿. 基于职商维度的会计专业硕士培养路径研究［J］. 财会
通讯，2022（7）：162-165.

［46］郑梅青，刘舒叶，严玉康. 新时代高职会计专业新型育人模式的研究与

实践：以上海东海职业技术学院教学改革为例［J］．职业技术教育，2021，42（17）：25-29．

［47］杜丽霞．现代高校会计专业人才的培养模式创新发展［J］．食品研究与开发，2021，42（9）：241．

［48］宗文龙，魏紫，郑海英．对我国会计专业技术资格考试的现状调查及思考［J］．财务与会计，2021（3）：80-81．

［49］赵红卫．高等会计教育的创新创业能力导向研究［J］．财会月刊，2021（1）：74-81．

［50］任政亮．慕课背景下应用型管理会计人才培养模式创新［J］．山西财经大学学报，2020，42（S2）：53-56．

［51］宋新波．中职学校会计专业学生专业能力培养研究［D］．广州：广东技术师范学院，2017．

［52］赵建交．中职学校会计专业工学结合人才培养模式的研究：以长沙财经学校为例［D］．长沙：湖南师范大学，2013．

［53］施瑞瑜．中职学生自我管理能力研究：以汕尾市中职学校为例［D］．广州：广东技术师范大学，2021．

［54］叶肇芳．中等职业学校教学模式改革研究［D］．上海：华东师范大学，2004．

［55］刘子忱．校企合作下的中等职业教育专业课程设置研究：以珠海市为例［D］．长沙：湖南师范大学，2013．